l'A

de

Vermeer

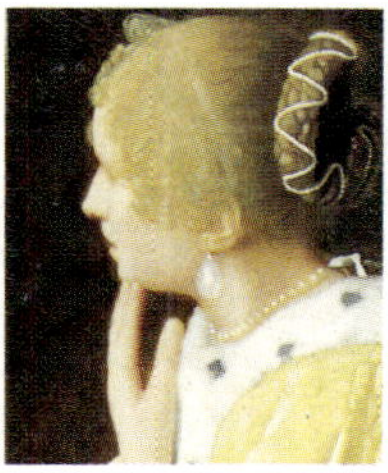

Guillaume Cassegrain
Catherine Guégan
Patrick Le Chanu
Olivier Zeder

avec la collaboration de
John Michael Montias

Flammarion

LES QUESTIONS QUE L'ON SE POSE

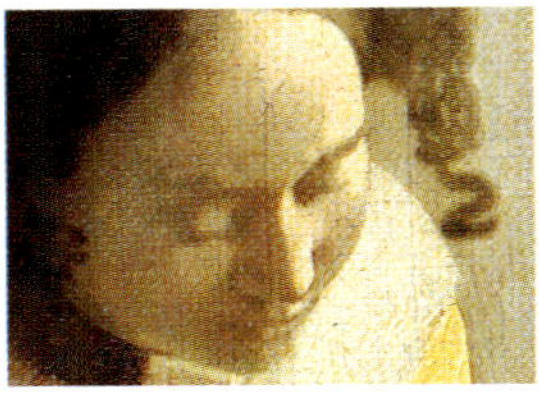

Une mort précoce à 43 ans, une trentaine d'œuvres connues dont seulement trois signées, pas d'élèves, deux cents ans d'oubli ou presque. Peut-on aujourd'hui percer le mystère de Vermeer ?

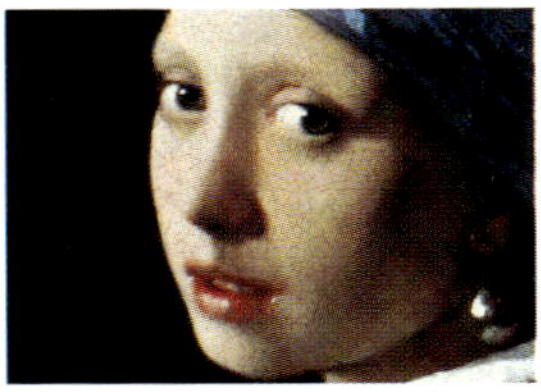

Vermeer ne serait qu'intimisme, retraite intérieure, épure géométrique, introspection… C'est oublier la densité de sa peinture, sa texture nourrie, la sensualité de ses visages. Le peintre du silence n'est-il pas aussi celui de la couleur ?

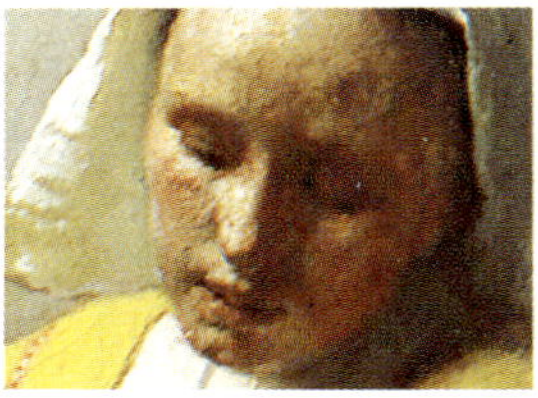

On ne prête qu'aux riches. Pourtant la peinture de Vermeer s'est directement inspirée des formules, des thèmes de l'art hollandais où se forge l'identité d'une nation nouvelle. Comment situer dès lors l'originalité vermeerienne à Delft et au-delà ?

COMMENT L'ABC*daire* Y RÉPOND...

Le guide de l'abécédaire p. 7

Il explique comment comprendre Vermeer en regroupant les notices de l'abécédaire selon la nature de son art et les circonstances de sa vie. Un code de couleurs indique le genre de chaque notice :

■ Les œuvres :
les sujets du peintre,
l'analyse du style.

■ L'entourage :
les peintres,
les érudits,
la famille.

■ Le contexte :
les courants esthétiques,
la pratique picturale,
le cadre historique.

À partir de la lecture de ces notices, et grâce aux renvois signalés par les astérisques, le lecteur voyage comme il lui plaît dans l'abécédaire.

L'abécédaire p. 31

Par ordre alphabétique, on trouvera dans ces notices tout ce qu'il faut savoir pour entrer dans l'univers de Vermeer. L'information est complétée par les éclairages suivants :
- des commentaires détaillés de ses tableaux majeurs ;
- des encadrés qui expliquent ses choix thématiques ou stylistiques et précisent le contexte dans lequel s'inscrit sa carrière.

Vermeer raconté p. 11

En tête de l'ouvrage, le récit de la vie et le sens de l'œuvre sont restitués dans leur développement historique. Cette synthèse reprend l'articulation du guide de l'abécédaire en développant chacun de ses thèmes.

Chronologie p. 116
Bibliographie p. 117
Index p. 118

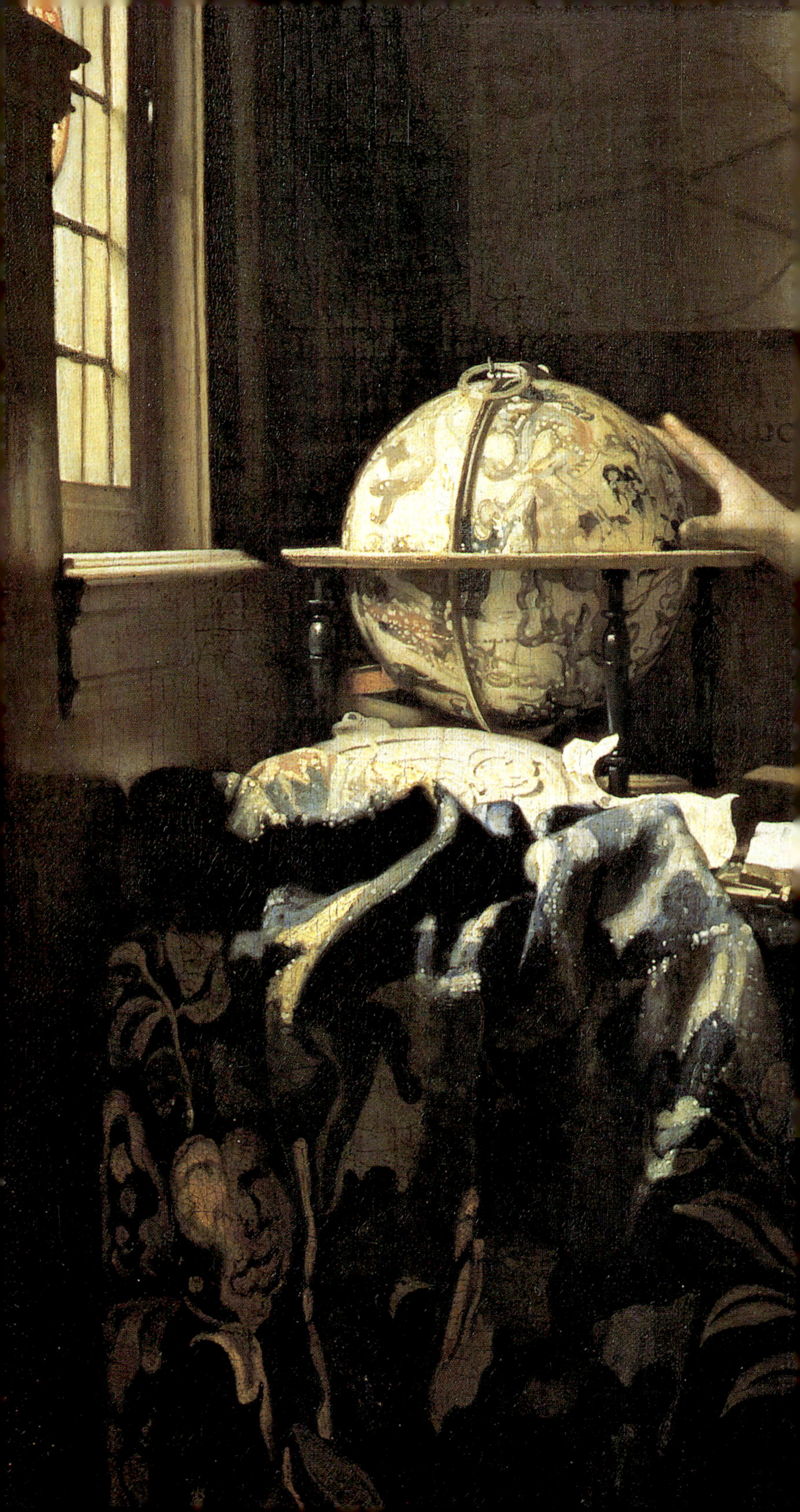

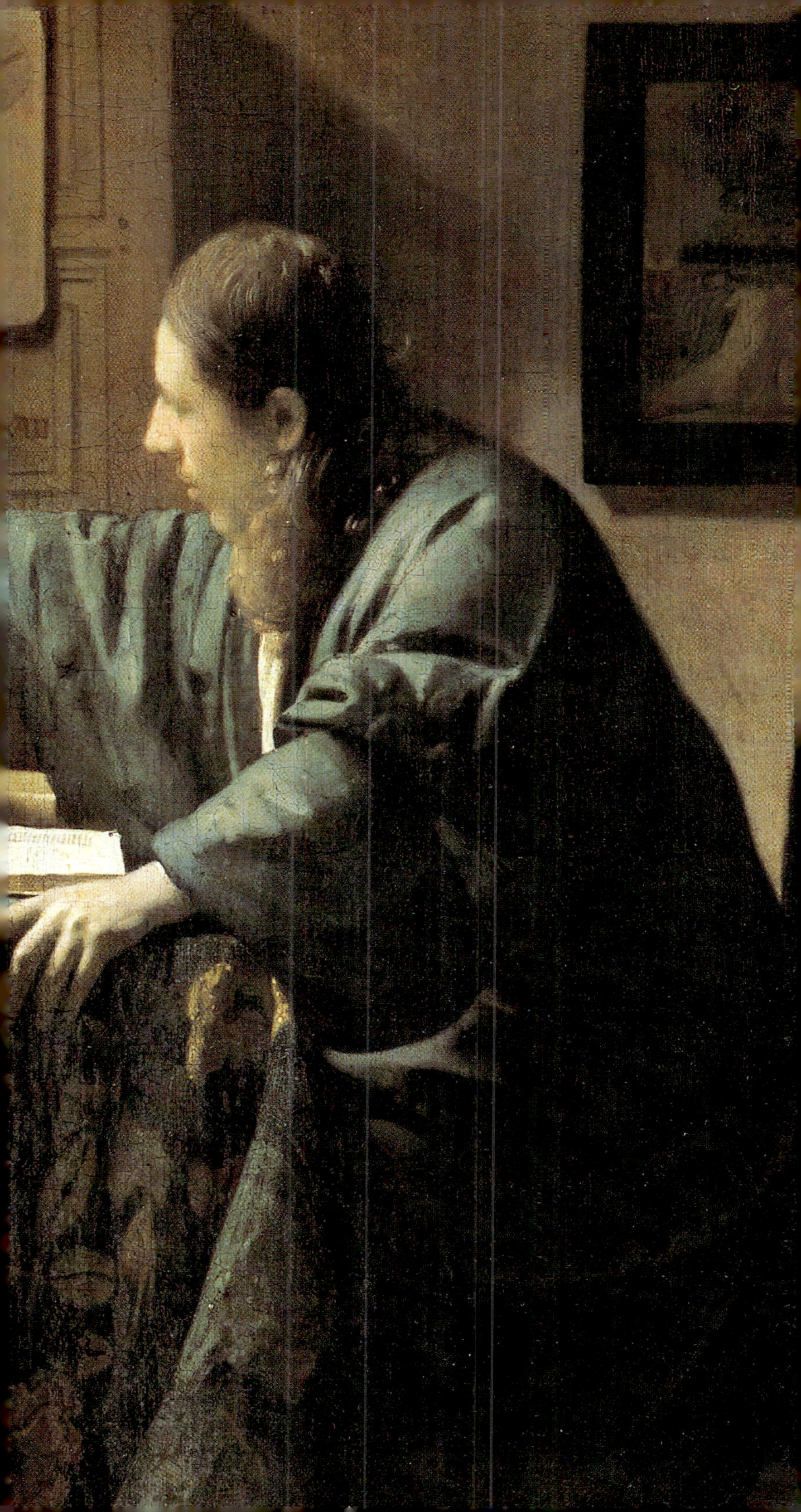

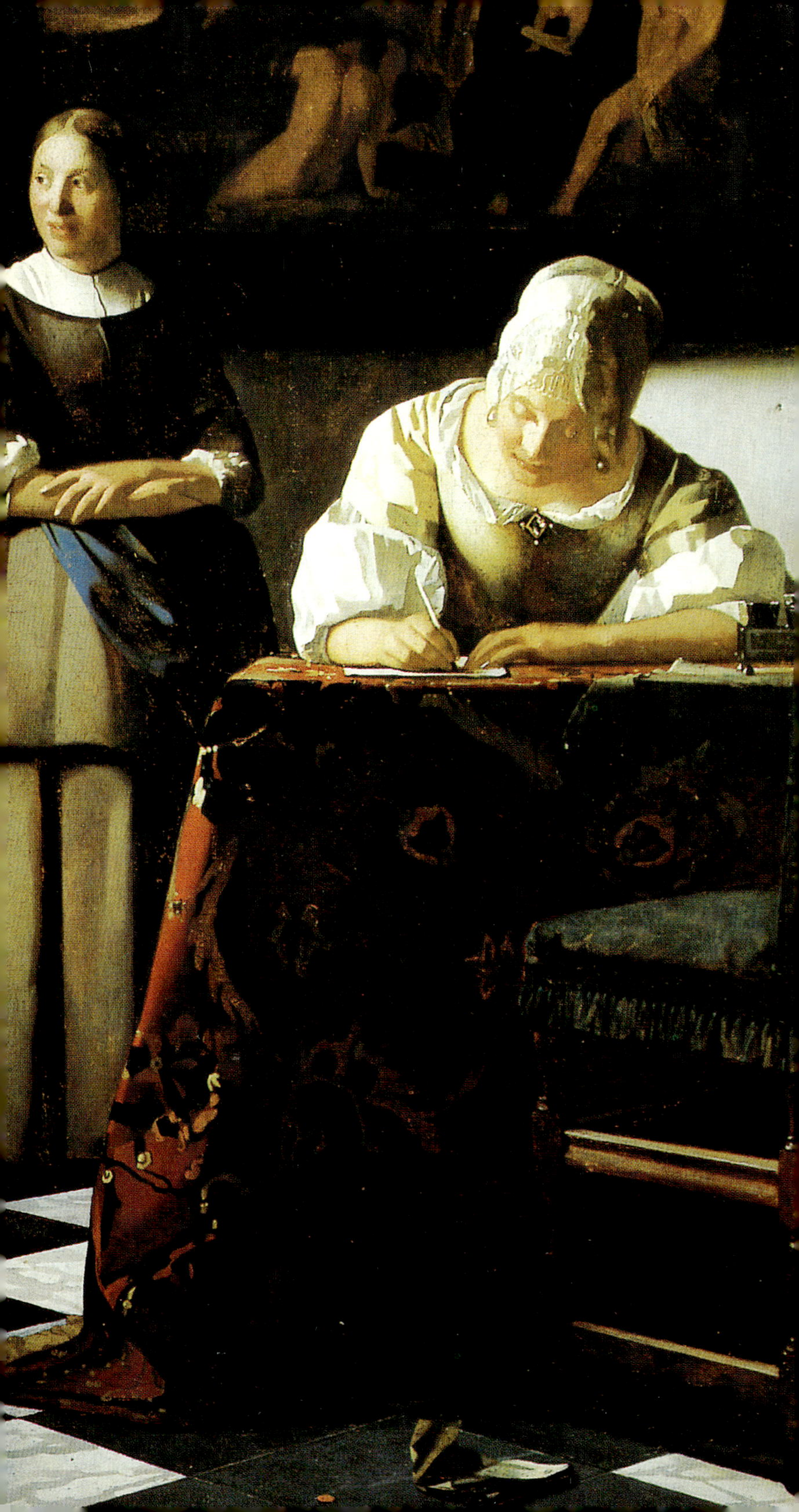

GUIDE

I. NAISSANCE D'UNE NATION

A. Vivre et peindre en Hollande

La république des Pays-Bas s'ébauche à la suite des révoltes survenues entre 1566 et 1572 dans les anciens Pays-Bas bourguignons, alors sous domination espagnole. Dynamisées par la bourgeoisie d'affaires et l'éthique calviniste, les Provinces-Unies du Nord, indépendantes depuis 1648, connaissent une activité intense dans les domaines scientifiques, philosophiques et artistiques.

- *Bourgeoisie*
- *Calvinisme*
- *Cartographie*
- *Foyers de peinture*
- *Iconoclasme*
- *Orange (Maison d')*
- *Pays-Bas*
- *Spécialisation*

B. Un génie sorti de presque rien

Issu d'un milieu modeste, Vermeer, protestant, se convertit au catholicisme lors de son mariage avec Catharina Bolnes. Malgré le soutien constant de sa belle-mère, Maria Thins, et de son mécène, Pieter Claesz. van Ruijven, Vermeer aura des soucis d'argent durant toute sa vie.

- *Accessoires*
- *Bolnes*
- *Commerce de tableaux*
- *Mécénat*
- *Mobilier*
- *Vermeer Reynier*

C. Delft au cœur des Pays-Bas

À Delft, la ville de Vermeer, l'activité artistique atteint son apogée en 1653, avec des peintres comme Fabritius, Potter, Pijnacker, De Hooch, Van Beyeren et De Witte. La ville entame un lent déclin après 1660 ; lorsque Vermeer est élu syndic de la guilde de Saint-Luc, en 1662, les principaux peintres ont quitté la ville.

- *Caravagisme*
- *Delft*
- *Dou*
- *Europe des peintres*
- *Faïenciers de Delft*
- *Foyers de peinture*
- *Guildes et académies*
- *Histoire (peinture d')*
- *Moderne*
- *Nature morte*
- *Rembrandt*

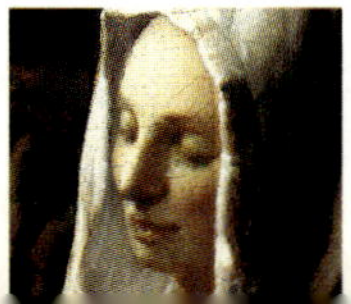

II. L'ÉNIGME VERMEER

A. Apprentissage et influences

Si les six années de formation de Vermeer restent une énigme – son maître fut-il Fabritius, Bloemaert ou Bramer ? –, certaines influences sont en revanche identifiables, comme les jeux de lumière chers à Metsu, les cadrages propres à De Hooch, la perspective de Fabritius, le format en hauteur de Ter Borch et, au début de sa carrière, la peinture caravagesque que l'école d'Utrecht a pu lui transmettre.

- *Apprentissage*
- *Baburen*
- *Bloemaert*
- *Borch (Ter)*
- *Bramer*
- *Brugghen (Ter)*
- *Caravagisme*
- *Hooch (De)*
- *Metsu*
- *Sweerts*

B. Incertitudes d'une carrière

Si la plupart des spécialistes de Vermeer s'accordent à reconnaître comme authentiques une trentaine de tableaux, trois seulement sont datés. L'analyse stylistique permet de cerner le parcours de l'artiste, des premières toiles aux influences italiennes (1654-1657) aux derniers tableaux plus simplement mis en scène (1662-1675), en passant par les œuvres où Vermeer développe son analyse des phénomènes lumineux (1658-1661).

- *Astronome*
- *Autoportrait*
- *Iconographie*
- *Musique et musiciens*
- *Perles*
- *Ruelle*
- *Servantes*
- *Vin*
- *Vue de Delft*

C. Une trentaine de tableaux pour quelques amateurs

Vermeer peint lentement et produit donc peu. Certains tableaux sont probablement des œuvres de commande, d'autres une libre création artistique du peintre. Mais la qualité de l'œuvre de Vermeer ne tient pas tant au choix des sujets qu'aux innombrables variations qu'il fait subir à une iconographie et à des procédés stylistiques communs.

- *Cabinets d'amateurs*
- *Genre (la scène de)*
- *Guerre de 1672*
- *Marché de l'art*
- *Mécénat*

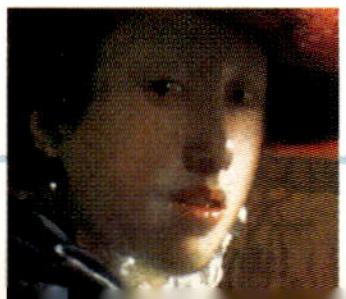

III. UNE RÉVOLUTION TRANQUILLE

A. Fabriquer un tableau

L'inventaire après décès de Vermeer ne donne qu'une description succinte du matériel qui se trouvait dans son atelier. On sait toutefois quels pinceaux il utilisait, sur quels supports, comment il préparait le tableau et quels pigments il préférait.

- *Accessoires et matériel*
- *Atelier (L')*
- *Matière et épaisseur*
- *Mobilier*

B. Tradition et innovation : les questions optiques

Vermeer exprime dans ses œuvres un intérêt constant pour les phénomènes visuels. Tel un photographe, son ambition sera de rendre visible les différentes mises au point qu'effectuent nos yeux dans la perception du réel. Ce réglage de la netteté a sans doute été obtenu grâce à divers instruments optiques – dont la fameuse chambre noire ? – qui servaient à préparer la composition du tableau.

- *Chambre noire*
- *Chiens*
- *Citations*
- *Conversations galantes*
- *Dentellière (La)*
- *Fenêtres*
- *Lettres*
- *Lumière*
- *Mieris*
- *Symbolisme caché*

C. Éclipse et fortune de Vermeer

Vermeer renouvelle la scène de genre grâce à la vie latente de ses figures et à la virtuosité avec laquelle il sait rendre la lumière. D'une manière plus générale, c'est l'école hollandaise dans son ensemble qui atteint son apogée dans les années 1670. Et pourtant, dès 1675 – date de la mort de Vermeer –, elle connaît une crise brutale et profonde. Le nom de Vermeer, presque oublié au XVIIIe siècle, est remis à l'honneur en France au siècle suivant.

- *Copies et faux*
- *Gloire de Vermeer*
- *Intérieurs et intimisme*
- *Pays-Bas*
- *Perdus, retrouvés*
- *Proust*

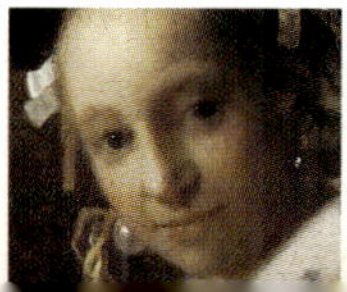

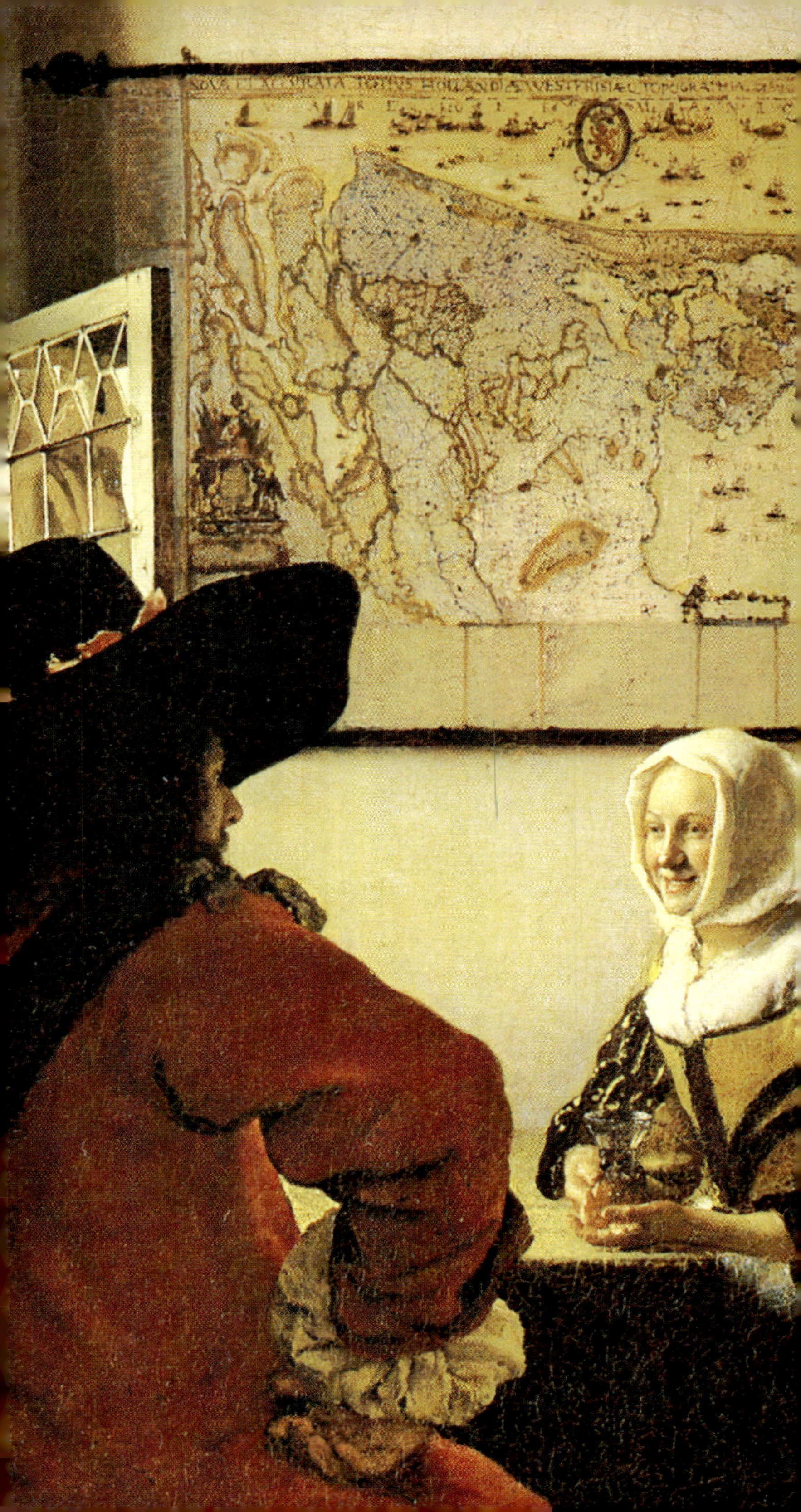

VERMEER RACONTÉ

Au-delà de la sérénité sensuelle de ses tableaux, la fascination de notre époque pour Vermeer repose d'abord sur les lacunes de notre connaissance. L'homme comme sa peinture nous échappent. Le relatif anonymat dans lequel ses œuvres furent longtemps tenues donne un éclat sensationnel à sa redécouverte. Il y a aussi le caractère discret de cet homme qui a peu peint mais dont on scrute aujourd'hui chaque tableau avec une interrogation passionnée.

Le Soldat et la jeune fille souriant (détail), v. 1658. New York, The Frick Collection.

I. Naissance d'une nation

A. Vivre et peindre en Hollande

Johannes Vermeer naît à Delft* en 1632. La Hollande, à laquelle appartient cette ville, est alors la plus riche province des Pays-Bas*. Dans la première moitié du XVIIe siècle, les Provinces du Nord, qui ont fait sécession, voient s'affirmer le rôle joué par la bourgeoisie* entreprenante et industrieuse ; l'instauration d'un régime absolutiste et aristocratique devient illusoire, ce qui tend peu à peu à séparer ces dernières des Provinces du Sud (les Flandres), alors sous tutelle espagnole. Stimulées par la conscience naissante d'une nation maritime et conquérante, l'activité scientifique, la curiosité intellectuelle et la peinture s'allient pour dresser une sorte d'inventaire du monde. Il n'est pratiquement pas de secteur de la réalité visible, aux Pays-Bas du Nord, qui n'échappe aux peintres.

La nature même des œuvres et leurs thèmes divergent peu à peu entre Pays-Bas du Nord et Pays-Bas du Sud pour des raisons étroitement liées à la foi. La crise iconoclaste*, attisée par des prédicateurs extrémistes protestants, avait démarré en 1566 et s'était répandue, provoquant des ravages dans l'ensemble des Pays-Bas, notamment à Delft, en août de la même année. Au Sud, sous tutelle catholique, la destruction des œuvres d'art des églises est, *a posteriori*, une aubaine pour les artistes. D'immenses chantiers s'ouvrent, procurant à l'« entreprise » Rubens, entre autres, d'importantes commandes. Au Nord, en revanche, le culte protestant bannissant toute image des lieux de culte, la peinture est essentiellement destinée aux particuliers ; elle adopte des formats plus petits et illustre des thèmes profanes (voir Spécialisation des genres) ou tirés de *L'Ancien Testament*. Certains

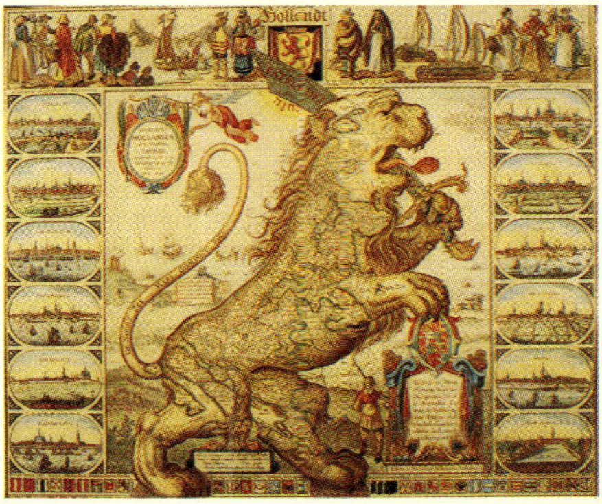

Nicolas Johannes Visschner, *Carte de la Hollande en forme de lion*, 1648. Rotterdam, Maritiem Museum Prins Hendrik.

textes de Calvin* avaient déjà tenté d'orienter la création en exaltant la beauté de l'univers, et notamment de la nature ; ils encourageaient les artistes à la représenter sous toutes ses formes, dans une peinture qu'il est donc téméraire de qualifier de « profane ».

Il ne faut cependant pas surestimer la fracture religieuse entre le Nord et le Sud. La vie de Vermeer est en elle-même un symbole de l'osmose relative qui règne encore dans la première moitié du XVIIe siècle. Le protestantisme gagne progressivement du terrain, sous des formes d'ailleurs diverses, dans un pays où la liberté et la tolérance* à l'égard de multiples communautés religieuses ont toujours été des valeurs fondamentales. À Delft, l'attitude à l'égard des catholiques est, dans un premier temps, assez ségrégationniste. Vermeer, qui semble bien s'être converti après son mariage avec Catharina Bolnes*, habite avec sa famille dans le « Paepenhoek », le coin des papistes, où l'on pratique discrètement un culte officiellement interdit mais en fait toléré. Avec le temps, un certain libéralisme l'emportera.

B. Un génie sorti de presque rien

Vermeer est issu d'un milieu sinon modeste, du moins peu raffiné. Son père, Reynier, est tout d'abord maître tisserand ; jeune homme bouillant au point d'être impliqué dans quelques rixes, il se reconvertit en achetant une auberge, puis, en octobre 1631, en s'inscrivant comme marchand d'œuvres d'art, les deux activités allant peut-être de pair. C'est ce dernier métier qui amène le père de l'artiste, et donc peut-être Johannes lui-même, à connaître certains grands peintres, comme Balthasar van der Ast, le spécialiste de la nature morte raffinée et archaïsante ; ou encore deux adeptes des scènes nocturnes : Egbert van der Poel et Leonaert Bramer, l'artiste catholique le plus en vue à Delft autour* des années 1650. Au-delà de ces découvertes, qui ont certainement leur importance, l'évolution de Vermeer sur le plan social se fait par son mariage et le soutien constant que sa belle-mère, Maria Thins, apporte ensuite à sa carrière et à sa famille dans les moments difficiles. Vermeer lui-même conserve le commerce* de son père. Vendre des tableaux,

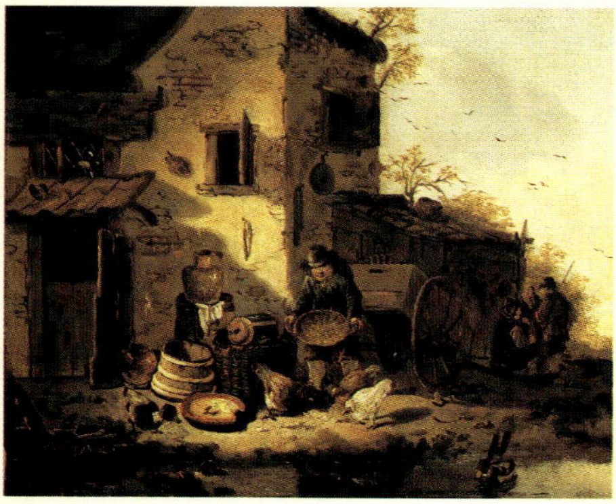

Egbert van der Poel, *Paysan donnant à manger à des poules*. H/b 29 × 37. Paris, Louvre.

même peints par d'autres, est une activité traditionnelle des artistes néerlandais du XVIIe siècle. Plus que l'ascension, c'est l'émancipation sociale de Vermeer qui est remarquable : son art exprime un apaisement et une quiétude fort éloignés des soucis d'argent qui rongent la famille pendant des générations avant et après lui. Son inventaire* après décès, beaucoup plus modeste – notamment quant à la collection artistique –, que celui de Rembrandt* – malgré ses faillites –, exprime bien cette relative stagnation sociale.

C. Delft au cœur des Pays-Bas

Quel est le paysage artistique que découvre le jeune Vermeer ? En dehors des tableaux et des peintres qu'il a pu voir chez son père, il a certainement dû effectuer de nombreux voyages, au moins dans son pays. Dans les Pays-Bas du Nord, et singulièrement en Hollande, la circulation des hommes et des œuvres est en effet rendue facile par la densité du tissu urbain et celle des voies de communication, fluviales notamment. L'une des grandes nouveautés du début du XVIIe siècle est le caravagisme*, importé d'Italie* par des artistes tel que Hendrick Ter Brugghen (à Rome entre 1604 et 1614). Il se développe par la suite avec d'autres peintres : Gérard von Honthorst, Jan van Bronckhorst, Cesar van Everdingen et Leonaert Bramer. Mais c'est peut-être du premier que Vermeer est malgré tout le plus proche, notamment dans *Le Christ* chez Marthe et Marie* (Édimbourg). Il représentera deux fois, dans ses œuvres, un tableau appartenant à ses beaux-parents et réalisé par un artiste proche de Ter Brugghen, Dirck van Baburen*, qui pratique le même type de peinture mais avec des sujets plus rustres. Vers le milieu du siècle, le nombre de peintres dans les différentes villes des Pays-Bas est surprenant ; chaque cité est, la plupart du temps, dominée par une figure centrale, comme Rembrandt à Amsterdam ; artiste mobile, Rembrandt a quitté Leyde, en laissant derrière lui son disciple Gérard Dou* qui sera l'initiateur de la « peinture fine ».

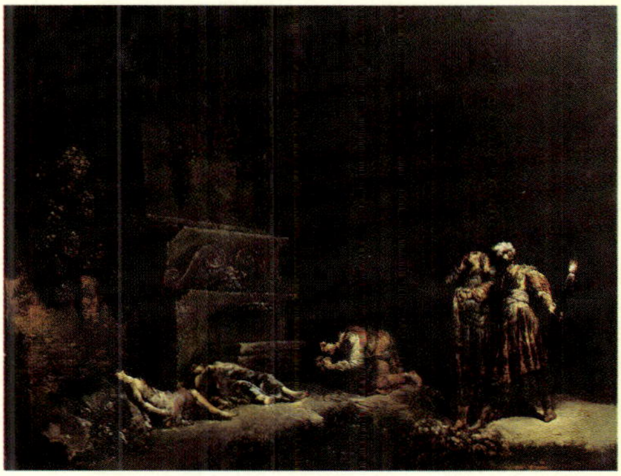

Leonaert Bramer, *Pyrame et Thisbé*. Huile sur cuivre, 46 × 60. Paris, Louvre.

À Delft même, l'activité artistique atteint son apogée en 1653 lorsqu'à 21 ans, Johannes Vermeer est admis comme maître à la guilde* de

Le Christ chez Marthe et Marie (détail), v. 1655. Édimbourg, National Gallery of Scotland.

Saint-Luc. L'industrie de la faïence*, créée au XVIe siècle, y est presque à son zénith. Bon nombre de peintres sont originaires de la ville, tel Jacob van Velsen, ou sont venus s'y installer, tel Carel Fabritius ; ce brillant élève de Rembrandt est profondément original parce qu'il a su assimiler la leçon du maître tout en pratiquant une peinture plus claire, à la touche moins libre et moins empâtée. Il trouvera la mort avec son modèle dans l'explosion de la poudrière en 1654. Paulus Potter, le grand animalier et paysagiste « clair » est mentionné en 1646 dans la cité delftoise et peint, l'année suivante, son monumental *Taureau* (La Haye). Paysagiste très éloigné de Potter, Adam Pijnacker est à Delft en 1649, de retour d'Italie. La lumière* joue dans son œuvre un rôle crucial que n'a pu manquer de retenir Vermeer. En dehors des artistes fréquentant la boutique de Reynier Vermeer*, d'autres peintres sont présents en ville, tels Pieter de Hooch*, Abraham van Beyeren, à la fois peintre de marines et de natures mortes, et Emmanuel de Witte, artiste pluridisciplinaire qui pratique tant les représentations d'intérieurs d'église que les scènes de boutiques de poisson. Contrairement à Vermeer, beaucoup de ces peintres quitteront Delft ; De Hooch, Van Beyeren et De Witte ne sont déjà plus en ville en 1662 lorsque Vermeer est élu syndic de la guilde de Saint-Luc.

II. L'énigme Vermeer

A. Apprentissage et influences

Gabriel Metsu, *Le Christ et la femme adultère*, 1653. H/t 134 × 165. Paris, Louvre.

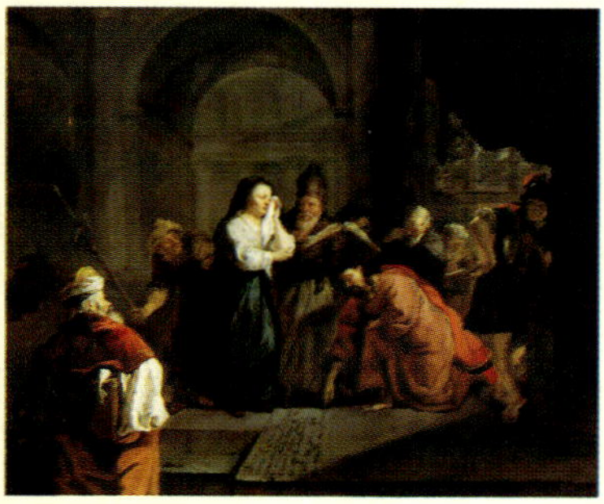

La période d'apprentissage* de Vermeer, qui recouvre les six années nécessaires pour avoir le droit d'entrer à la guilde, est une énigme. L'étude de ses premières œuvres, associée aux quelques informations fournies par les archives, autorise plusieurs suppositions. Au-delà de la traditionnelle hypothèse Fabritius, non fondée, Albert Blankert s'appuie sur de lointains liens de parenté et une influence caravagesque certaine dans les premières toiles de Vermeer, pour avancer l'idée que le jeune artiste serait allé se former chez Abraham Bloemaert* à Utrecht. Une autre conjecture veut que ce soit plutôt chez Leonaert Bramer dont les relations avec la famille Vermeer sont attestées par au moins deux documents. Il est difficile de trouver une quelconque trace de l'art de Bramer dans celui de Vermeer mais il n'est pas moins étonnant de savoir que le très « boschien » Jan Mandijn a été le maître de Spranger ou que le pay-

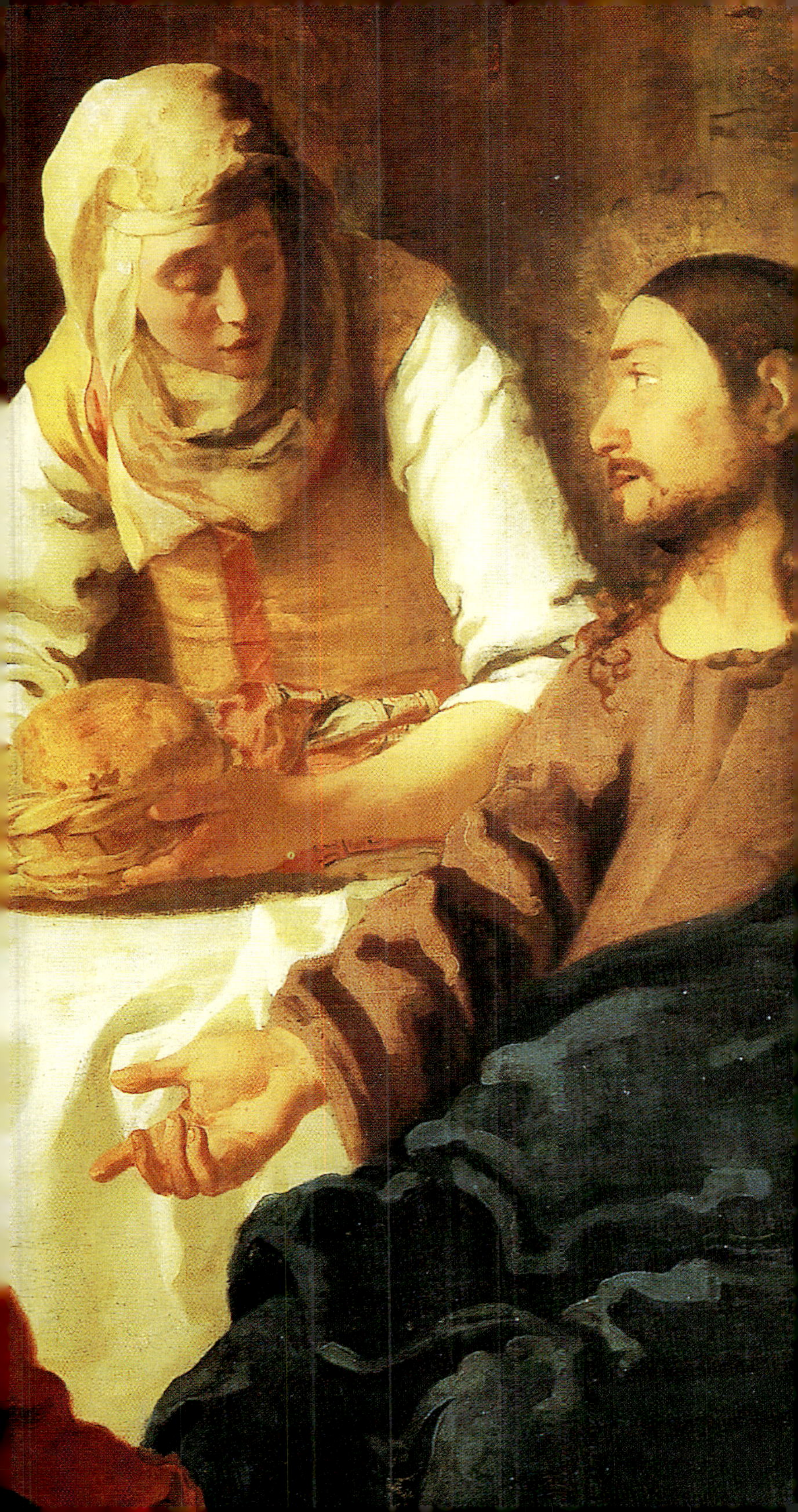

sagiste archaïsant Tobias Veraecht a, le premier, formé Rubens. Des faits plus concrets attestent des influences que Vermeer a reçues ; ainsi, dans *Le Christ chez Marthe et Marie* (Édimbourg), l'attitude du sauveur est probablement une citation d'un tableau d'Erasme Quellin. Mais cette émulation s'exprime aussi de façon plus subtile : ainsi, le style de Gabriel Metsu*, dont *Le Christ et la femme adultère* (Louvre) est comme une préfiguration un peu brutale du style vermeerien, avec ses jeux de lumière, coups de projecteur ou liseret délimitant les formes.

Johannes est sans doute aussi sensible aux expérimentations sur la représentation de l'espace qui occupent la peinture vers 1650. En quelques années, on voit en effet se développer les panoramas de ville, les vues plus rapprochées de rues ou de cours de maisons d'un Pieter de Hooch, ou encore les étonnantes expérimentations perspectivistes d'un Samuel van Hoogstraten ou de Fabritius (*Vue du vieux quai long de Delft*, Londres) ainsi que la métamorphose de la scène d'intérieur*. Blankert note brillamment qu'avec Gérard Ter Borch*, on quitte le format horizontal et la quasi-monochromie de certains corps de garde de Palamadesz. pour des tableaux en hauteur comprenant seulement un, deux ou trois personnages. Les thèmes des tableaux évoluent, eux aussi, de certaines assemblées tapageuses à des scènes intimistes où, en dehors de quelques allusions moralisantes liées à des situations amoureuses, presque plus rien ne se passe.

B. Incertitudes d'une carrière

Sur la trentaine de tableaux acceptés comme authentiques par la critique, seuls trois sont datés : *L'Entremetteuse* (Dresde) de 1656, *L'Astronome** (Louvre) et *Le Géographe* (Francfort), respectivement de 1668 et 1669. Des doutes sérieux ont cependant été émis sur l'authenticité de ces deux dernières inscriptions quand bien même les tableaux restent d'authentiques chefs-d'œuvre. Le seul fait de voir Vermeer peu soucieux de dater, voire même parfois de signer ses toiles, est en soi significatif de son détachement par rapport à la production frénétique de certains. Grâce à l'analyse stylistique et aux comparaisons, trois groupes principaux peuvent raisonnablement être définis au sein de son œuvre. Les premiers tableaux, *Diane et ses compagnes* (La Haye), *Le Christ chez Marthe et Marie* (Édimbourg), *Sainte Praxède* (Princeton) – si l'on accepte cette attribution très controversée – et *L'Entremetteuse* (Dresde), révèlent un peintre réceptif à diverses influences. Les premières viennent d'Italie : en contemplant les blondeurs vénitiennes de Diane, il peut être intéressant de se rappeler que les peintures de

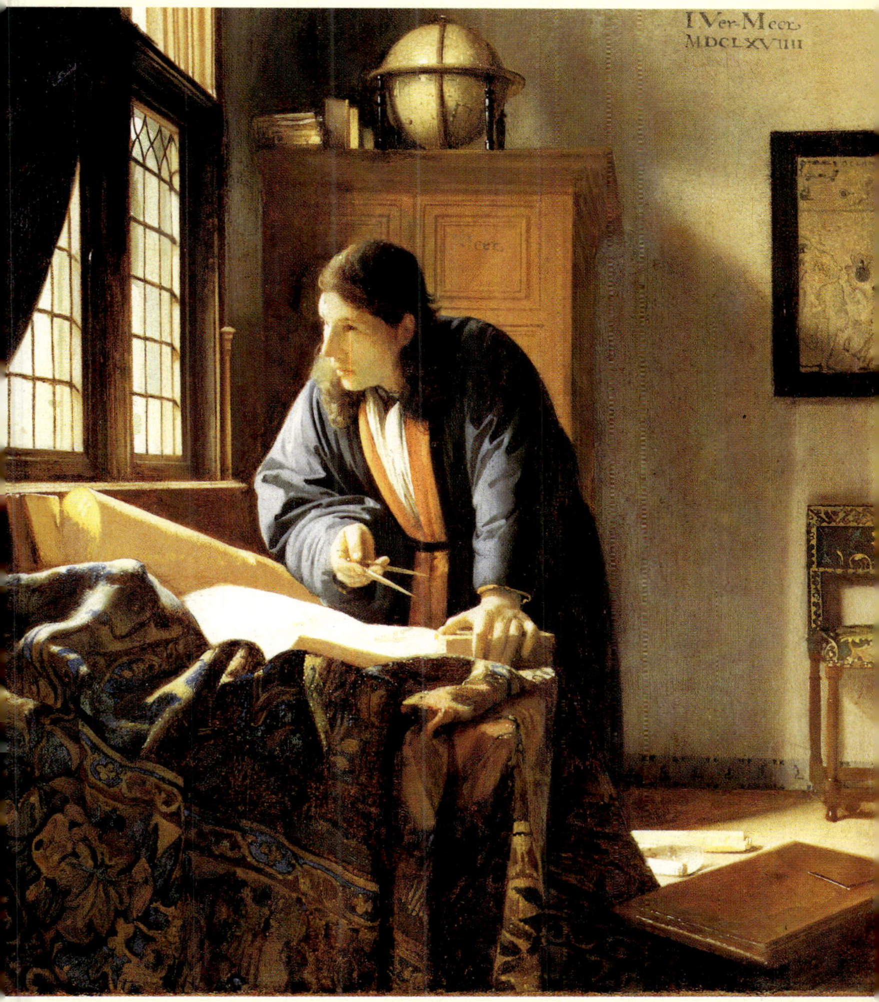

l'école de Venise forment probablement la majorité des tableaux italiens qui se trouvent alors aux Pays-Bas. Vermeer aura pu en voir certains, d'autant qu'en 1672, il est commis expert pour authentifier les tableaux italiens de la collection de l'électeur de Brandenbourg. La seconde ascendance est celle du Caravage dont le style est assimilé par l'intermédiaire des artistes d'Utrecht ; évidente dans *Diane et ses compagnes*, celle-ci se modifie et se combine à un répertoire satirique et moralisateur de tradition anversoise dans *L'Entremetteuse*. Bien d'autres influences pourraient être évoquées, notamment celle qu'a pu exercer un artiste aussi original que Sweerts*.

Dans un second temps, avec les œuvres que l'on suppose avoir été réalisées entre 1658 et 1661 (*Le Soldat et la jeune fille souriant*, New York,

Le Géographe, v. 1668-1669. H/t 52 × 45,5. Francfort, Städelsches Kunstinstitut.

Double page suivante : *La Peseuse d'or* (détail), v. 1664. Washington, The National Gallery of Art.

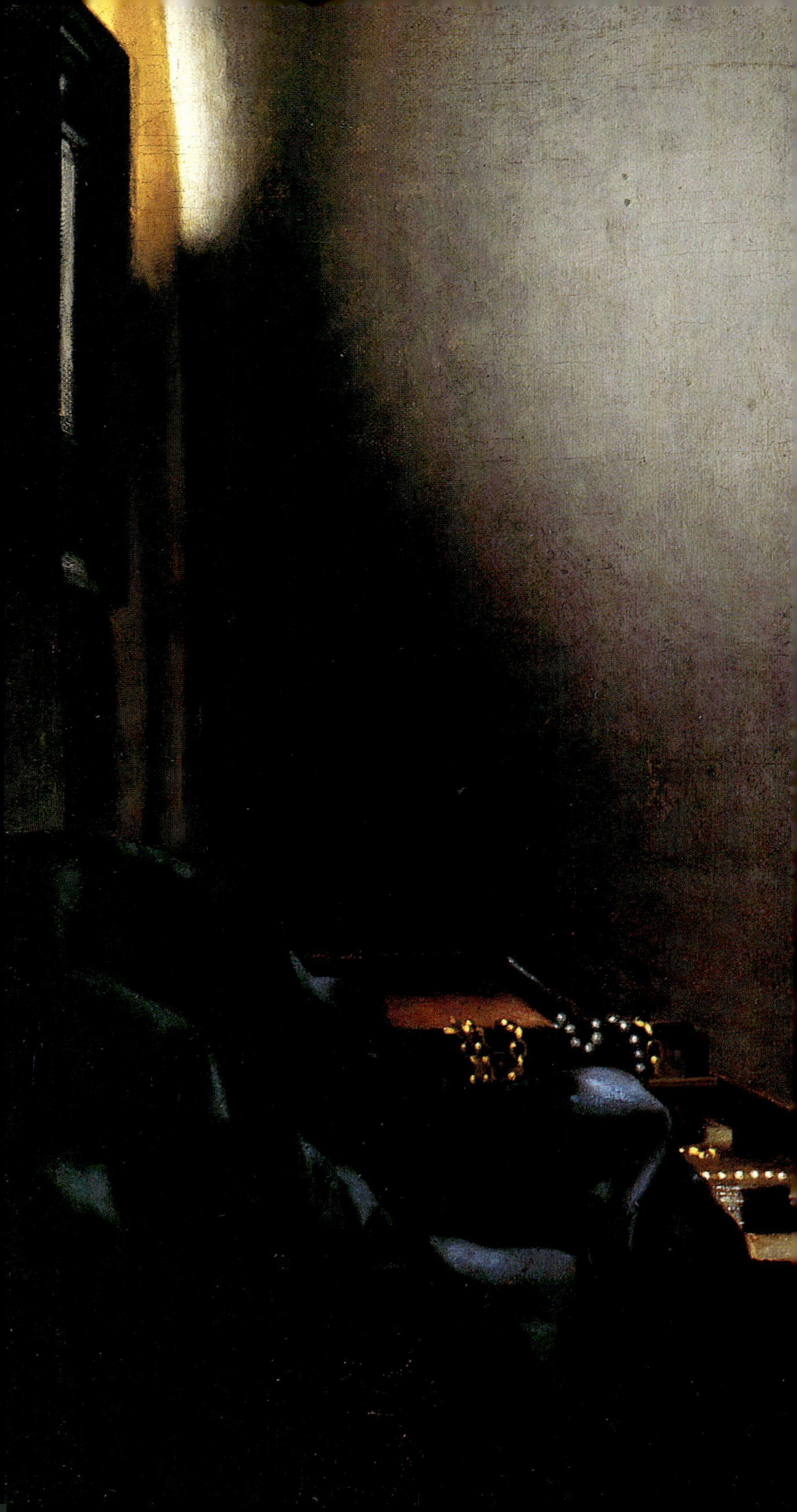

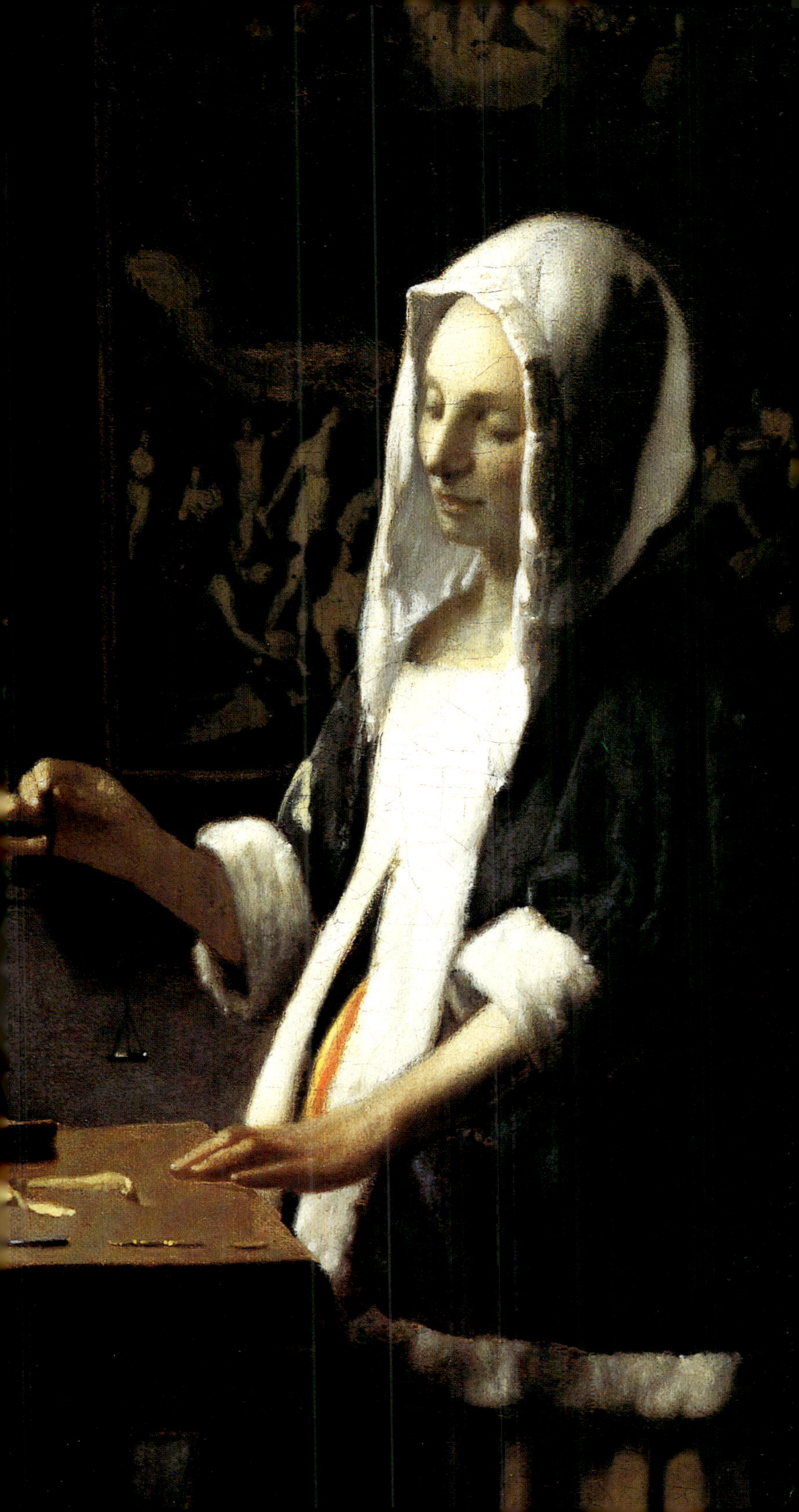

Frick collection ; *La Laitière**, Amsterdam ; *La Dame buvant avec un gentilhomme*, Berlin ; *La Ruelle**, Amsterdam) Vermeer développe son intérêt pour les phénomènes lumineux et leur action sur la texture des objets, tant en intérieur qu'en extérieur, dans le cadre d'une scénographie et d'une thématique qui sont proches de celles de Dou, de Ter Borch, de Metsu ou de Maes (*La Dormeuse*, Bruxelles). Blankert a cependant signalé le danger de ne voir la carrière des peintres qu'en termes d'influences successives. Comme dans le domaine des idées, certains thèmes ou arrangements stylistiques, certaines modes, peuvent très bien se développer simultanément à plusieurs endroits. Dans une émulation qui fait tantôt des uns, tantôt des autres, les inventeurs ou les utilisateurs de telle ou telle forme, ces dernières sont exploitées ensuite à satiété selon une formule commerciale typique des modes de création dans les anciens Pays-Bas depuis le XVe siècle. Dans une troisième phase, débutant après 1660, des

La Femme au luth, 1662-1663. H/t 52 × 46. New York, The Metropolitan Museum of Art.

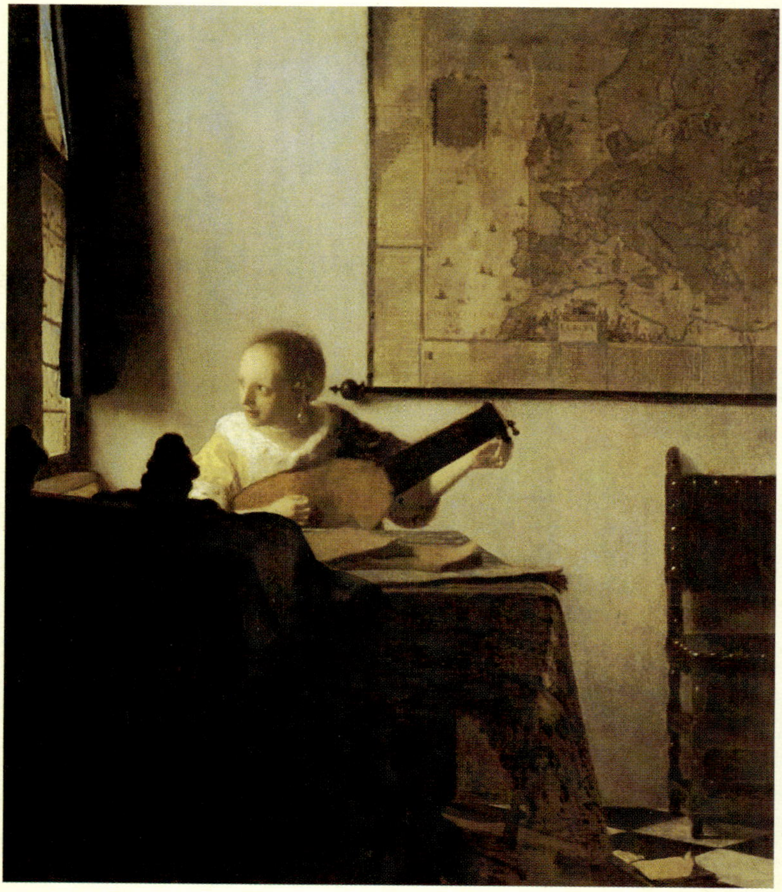

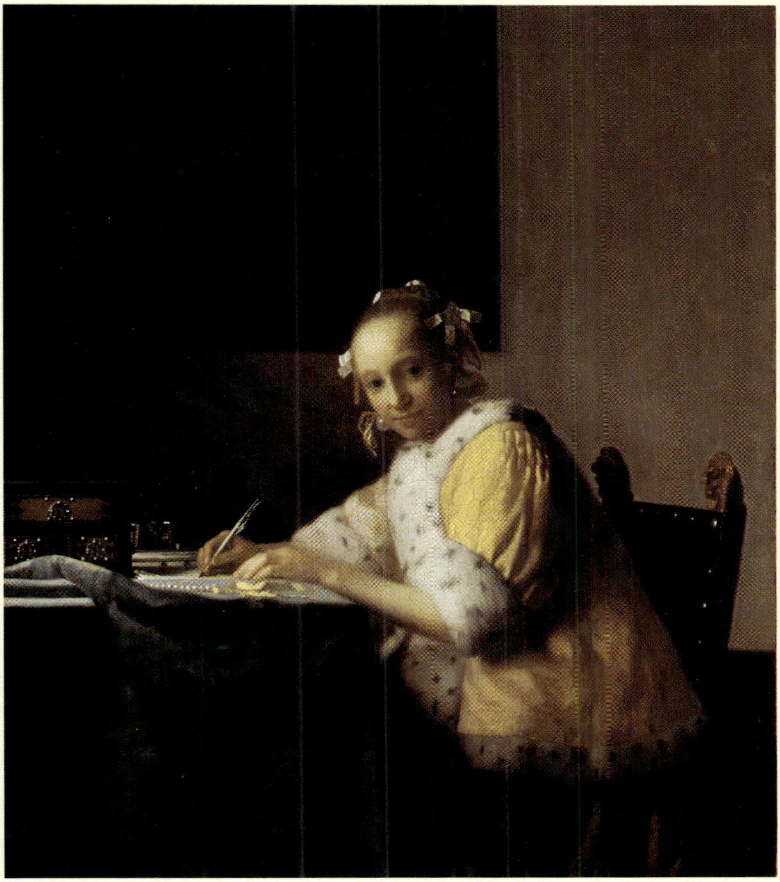

œuvres telles que *La Femme à la balance* (Washington), *La Femme en bleu lisant une lettre* (Amsterdam) ou *La Femme jouant du luth près d'une fenêtre* (New York), se caractérisent par une simplification de la mise en scène, avec des personnages qui paraissent saisis dans un instantané, et une lumière qui devient presque le thème exclusif des tableaux. C'est de cette époque que semblent aussi dater les portraits dont *La Jeune* Fille au turban* (La Haye) est le plus célèbre. On décrit souvent ce que l'on considère comme les dernières créations de Vermeer (*La Joueuse de guitare*, Kenwood ; *La Lettre d'amour*, Amsterdam ; *Une dame debout au virginal*, Londres ; *Une dame assise au virginal*, Londres) comme marquées par une sorte de décadence de l'inspiration et par une certaine vacuité des attitudes ; il se peut très bien qu'il s'agisse là, en ces années difficiles pour l'artiste, d'œuvres de commande pour lesquelles les exigences des clients étaient contraignantes.

Jeune Femme en jaune écrivant une lettre, v. 1665. H/t 45 × 39,9. Washington, The National Gallery of Art.

La Jeune Fille à la flûte, v. 1665-1670. H/b 20 × 17,5. Washington, The National Gallery of Art.

C. Une trentaine de tableaux pour quelques amateurs

Cette question des portraits et des œuvres de commande est étroitement liée à celle de l'iconographie* vermeerienne. Tout tableau réalisé à la demande d'un client, comme c'est probablement le cas de *L'Allégorie de la Foi** (New York), aura plus de chances d'être interprété selon les grilles de l'iconographie traditionnelle qu'une création artistique réalisée au gré de l'artiste, selon sa seule inspiration, forcément novatrice. Cette élaboration capricieuse, peu soucieuse de la satisfaction du client avant que l'œuvre ne soit terminée, et qui finit toujours par ne plaire qu'à quelques amateurs convaincus, a peut-être été souvent la façon de faire de Vermeer. Ajoutée à la lenteur de sa production, cette conception profondément méridionale et individualiste de la création picturale est en profonde contradiction avec les habitudes « industrielles » de l'art nordique. Elle n'est sûrement pas sans expliquer une bonne partie des difficultés que rencontra Johannes. Il ne faut cependant pas faire de ce peintre une sorte d'artiste maudit avant la lettre, alors même que l'on suit sa présence à la guilde des peintres où il est reçu fort jeune, il est vrai avec quelques difficultés pour payer son droit d'entrée, et que ses collègues l'élisent syndic à deux reprises.

III. Une révolution tranquille

A. Fabriquer un tableau

Le tableau intitulé *L'Atelier** (Vienne) est habituellement daté des années 1665. La scène a pour cadre une pièce à laquelle le regard accède par le traditionnel rideau soulevé du premier plan ; elle est décorée d'une carte des dix-sept provinces des anciens Pays-Bas, encore unies telles qu'elles l'étaient avant 1581. Le costume que porte l'artiste, dont l'archaïsme se réfère à la même époque, pourrait évoquer la nostalgie de Vermeer pour un monde plus favorable aux artistes que ne l'est alors la société bourgeoise des Pays-Bas du Nord. Au fond pose un modèle avec les attributs habituels de Clio, évoquant peut-être aussi la Renommée. L'artiste, vu de dos, est assis à son chevalet. Il travaille à une toile représentant la jeune femme à mi-corps. Pour préparer l'exécution du tableau qu'il vient de commencer, il a déjà réalisé le dessin sous-jacent avec un matériau traçant des lignes blanches sur la surface de la préparation de couleur gris-brun ; le dessin a peut-être été réalisé à la craie ou avec un pigment qui sera ensuite entièrement recouvert par la peinture. Ces matériaux ne sont hélas pas détectés par la technique habituelle de documentation du dessin sous-jacent : la réflectographie infrarouge. L'inventaire après décès de Vermeer donne une description sommaire

La Jeune Fille au chapeau rouge, v. 1665. H/b 22,8 × 18. Washington, The National Gallery of Art.

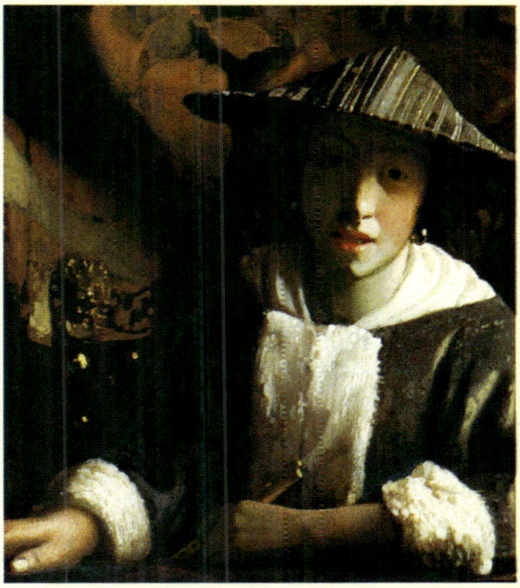

de ce qui se trouvait dans son atelier. On n'a peut-être pas assez remarqué qu'à côté des instruments et des toiles se trouvent « six panneaux », ce qui tendrait à prouver que l'artiste peignait aussi sur bois, alors que cet argument d'un support inhabituel est parfois invoqué pour réfuter l'authenticité de *La Jeune Fille au chapeau rouge* de la National Gallery de Washington.

En 1968, les résultats des investigations de laboratoire sur trente tableaux de Vermeer sont publiés par H. Kühn. Hormis *La Jeune Fille au chapeau rouge* et *La Jeune Fille à la flûte*, également à la National Gallery de Washington, tous les tableaux aujourd'hui reconnus de Vermeer sont peints sur toile. Sur ces dernières, Vermeer étendait une couche de préparation soit blanche, parfois légèrement teintée de jaune, de brun, de gris, soit même colorée, comme dans *L'Atelier*, et dont l'épaisseur est assez importante par rapport aux couches de pigments. Ces derniers sont identiques à ceux que les autres artistes néerlandais de l'époque utilisent : blanc de plomb, jaune de plomb et d'étain, ocres jaunes ou rouges et, pour cette même couleur, vermillon ou laque de garance ; terres pour les bruns, mélange de bleu et de jaune ou terre verte pour le vert. Toutefois, la couleur* et le pigment favoris de Vermeer sont le bleu et l'outremer, extrait du lapis-lazuli, pierre semi-précieuse. Il n'y a que dans *Le Christ chez Marthe et Marie* (Édimbourg) que Vermeer utilise de l'indigo pour le bleu : sans doute n'avait-il pas les moyens, en ce début de carrière, d'acquérir un pigment aussi cher

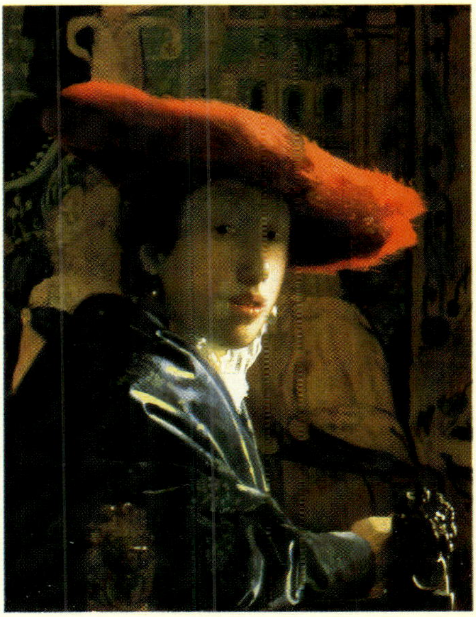

que l'outremer ? Le peintre en fera par la suite un usage effréné. Cette exigence de qualité est remarquable et a une incidence certaine sur le prix de ses œuvres.

B. Tradition et innovation : les questions optiques

Les exigences de Vermeer en matière de choix techniques sont mises au service d'une représentation du monde dans laquelle l'historiographie du XXe siècle a souvent voulu reconnaître, sans preuve tangible, le reflet des préoccupations et des innovations scientifiques des contemporains de l'artiste. S'il est vrai qu'Antoine van Leeuwenhoek, le grand scientifique ayant notamment contribué à l'amélioration du microscope, est choisi après la mort du peintre pour administrer les biens de sa veuve, c'est essentiellement pour représenter les intérêts des créanciers. Rien ne prouve par ailleurs que des liens d'amitié ou des préoccupations intellectuelles et esthétiques communes aient auparavant rapproché les deux hommes.

Vermeer exprime dans ses œuvres un intérêt constant pour les phénomènes visuels, pour lui prioritaires par rapport aux exigences d'une représentation que la tradition des anciens Pays-Bas voulait uniformément claire et microscopique. Cet idéal artistique, déjà atteint par Jan van Eyck au XVe siècle, connaît un second apogée dans les années 1660 avec des peintres tel que Gérard Dou et Frans van Mieris*. Dès le début de sa carrière, Vermeer se place volontairement en dehors de cette recherche d'un rendu de plus en plus infinitésimal de la réalité. Il ne subit pratiquement que des influences rembranesques, relayées par Carel Fabritius, et italiennes – introduites par les Utrechtois –, qui le mettent à l'abri d'une soumission

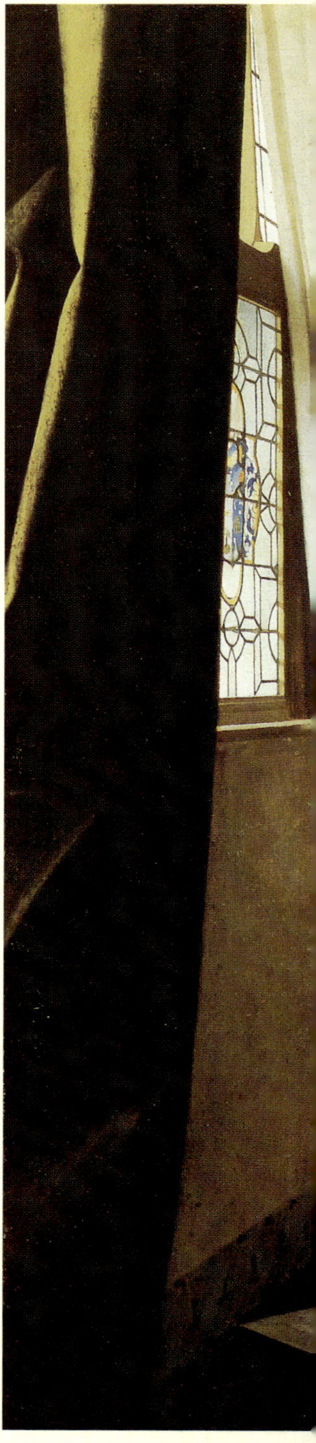

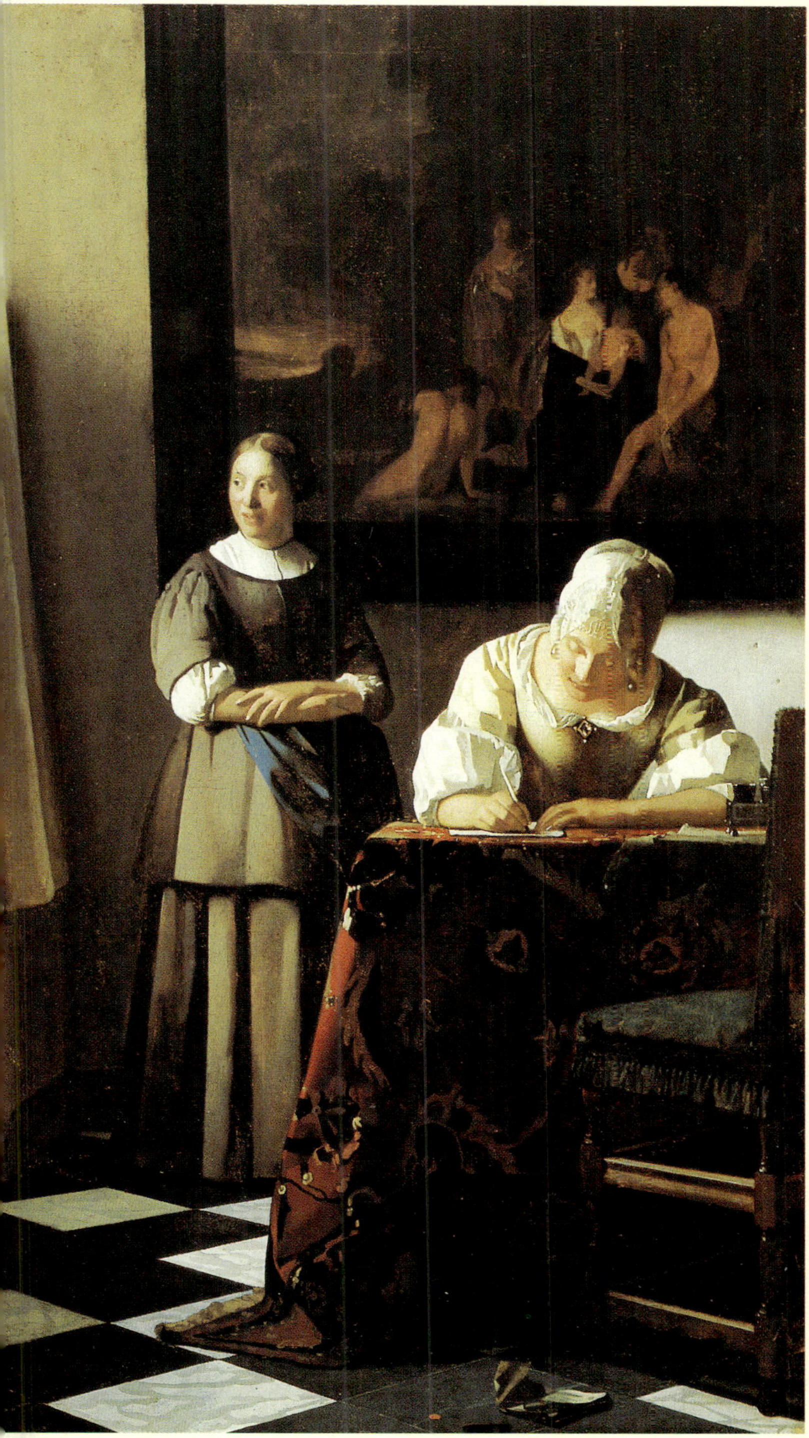

Page précédente : *La Jeune Femme écrivant une lettre et sa servante,* v. 1670. H/t 72 × 59,7. Dublin, The National Gallery of Ireland.

totale à l'égard d'un modèle. Très vite, il se passionne pour les effets visuels de la succession des plans du tableau, comme dans *L'Entremetteuse* (Dresde), où les petits glands de couleur blanche calent le regard en formant une tache claire sur la grande plage sombre du manteau au premier plan à gauche.

À ces indicateurs délimitant les plans et les espaces du tableau, va s'ajouter la grande innovation de Vermeer : désormais, le tableau rend compte du fait qu'entre ces différents plans d'une part, et sur les objets-repères qui les bornent en accrochant la lumière d'autre part, la mise au point des yeux n'est pas uniformément nette. De là ces contrastes entre un premier plan fréquemment flou – les fils rouges et blancs, le pompon de la boîte à ouvrage de *La Dentellière** (Louvre) –, une ou des figures fréquemment représentées dans un espace et selon une netteté intermédiaire, et un mur avec ses anfractuosités et ses clous aux ombres portées (*La Laitière*, Amsterdam ; *La Dentellière*) sur lequel est réellement faite la « mise au point » et dont le rôle est aussi de caler le regard au fond du tableau. Ce calage de l'espace semble correspondre à une sorte d'angoisse du vide chez les artistes néerlandais. Seuls les portraits et *La Jeune Femme avec une servante tenant une lettre* (New York, Frick Collection), avec leurs fonds sombres, échappent à cette règle.

Rien ne prouve que l'introduction de ces effets optiques dans les tableaux de Vermeer se soit nécessairement faite grâce à l'utilisation d'une chambre* noire. On ne trouve pas trace de cet appareil dans l'inventaire de l'atelier de l'artiste. D'autres intruments, comme de simples lentilles, dont le polissage était pour le philosophe Spinoza un travail alimentaire, ont pu être utilisés par l'artiste qui devait être, de près ou de loin, au fait des nombreux progrès réalisés dans ces disciplines aux Pays-Bas. L'essentiel reste bien de mesurer et de comprendre la portée révolutionnaire de son art.

C. Éclipse et fortune de Vermeer

Si l'art de Vermeer traduit de nombreuses innovations techniques et scientifiques, il illustre aussi de façon différente certains thèmes avec, notamment, la simplification et l'apaisement de la mise en scène du tableau de genre*. Il en fut peint une quantité énorme à l'époque de Vermeer, tant aux Pays-Bas du Nord qu'aux Pays-Bas du Sud, d'une monotonie pouvant parfois provoquer une certaine lassitude. Certes, la mise en scène des tableaux de Vermeer est, elle aussi, assez uniforme, avec une fenêtre* ou une source de lumière presque toujours placées à gauche, mais l'action « dissolvante » de la lumière sur les objets et sur les êtres est sans pareille. On trouve très tôt ce souci dans l'œuvre de l'artiste, avec, par exemple, *La Jeune Fille endormie* (vers 1657, New York), un thème peut-être inspiré par Nicolas Maes, élève de Rembrandt, mais que Vermeer transfigure, avec la nature* morte du premier plan et les effets lumineux, tel le rebord du cadre de ce qui semble être un miroir retourné, posé sur la chaise à droite, ou encore le liseret de lumière dorée qui longe le chambranle de la porte. Quant aux personnages, immobiles dans un fragile instant libéré de l'anecdote qui les tient en émoi face à une fenêtre, ils sont tels des tournesols, comme happés par la lumière dans des images dont la sereine perfection prend, à l'instar de l'entreprise d'introspection de Rembrandt, des dimensions cosmiques (*Le Collier de perles*, Berlin). La richesse, la diversité mais aussi la perfection technique atteintes par l'école hollandaise dans les années 1670 sont stupéfiantes. Des circonstances politiques et économiques difficiles après la guerre* menée par la France – et dont Vermeer et sa famille eurent eux-mêmes à souffrir –, conjugées à un relatif épuisement des thèmes et à la prise de conscience de certains achèvements indépassables (Rembrandt) expliquent peut-être pourquoi la peinture des anciens Pays-Bas du Nord entre dans une crise brutale et profonde. L'art ou plutôt le nom de Vermeer, qui sombre plus ou moins dans l'oubli au XVIIIe siècle, est réhabilité au siècle suivant par le Français E.J.T. Thoré dit Thoré-Bürger, par les historiens d'art et par des écrivains comme Marcel Proust*. Il est vrai qu'il n'a pas, dès le départ, bénéficié de circonstances favorables. Sa production lente – seuls vingt tableaux de Vermeer auraient disparus à ce jour –, et libérée des conventions et des modes, le fait rechercher par un petit nombre d'amateurs dont certains, par goût ou par le hasard des héritages, finissent par monopoliser les œuvres. Le libraire Jacob Abrahamsz Dissius possède en 1683 vingt ou vingt et un Vermeer qui ne seront dispersés que par une vente, en 1696. À une période d'oubli succède le temps de la fascination qui engendre la célèbre entreprise de falsification de Van Meegeren. C'est aujourd'hui seulement que Vermeer a, dans le panthéon de l'histoire de l'art, la place qu'il mérite au milieu des plus grands peintres : son art si serein, et pourtant si profondément novateur, a ouvert à la peinture des perspectives qui ne seront réellement exploitées qu'au XIXe siècle, par des artistes comme Corot par exemple, entre beaucoup d'autres.

Double page suivante :
La Jeune Fille endormie, v. 1657. H/t 86,5 × 76. New York, The Metropolitan Museum of Art.

Patrick LE CHANU

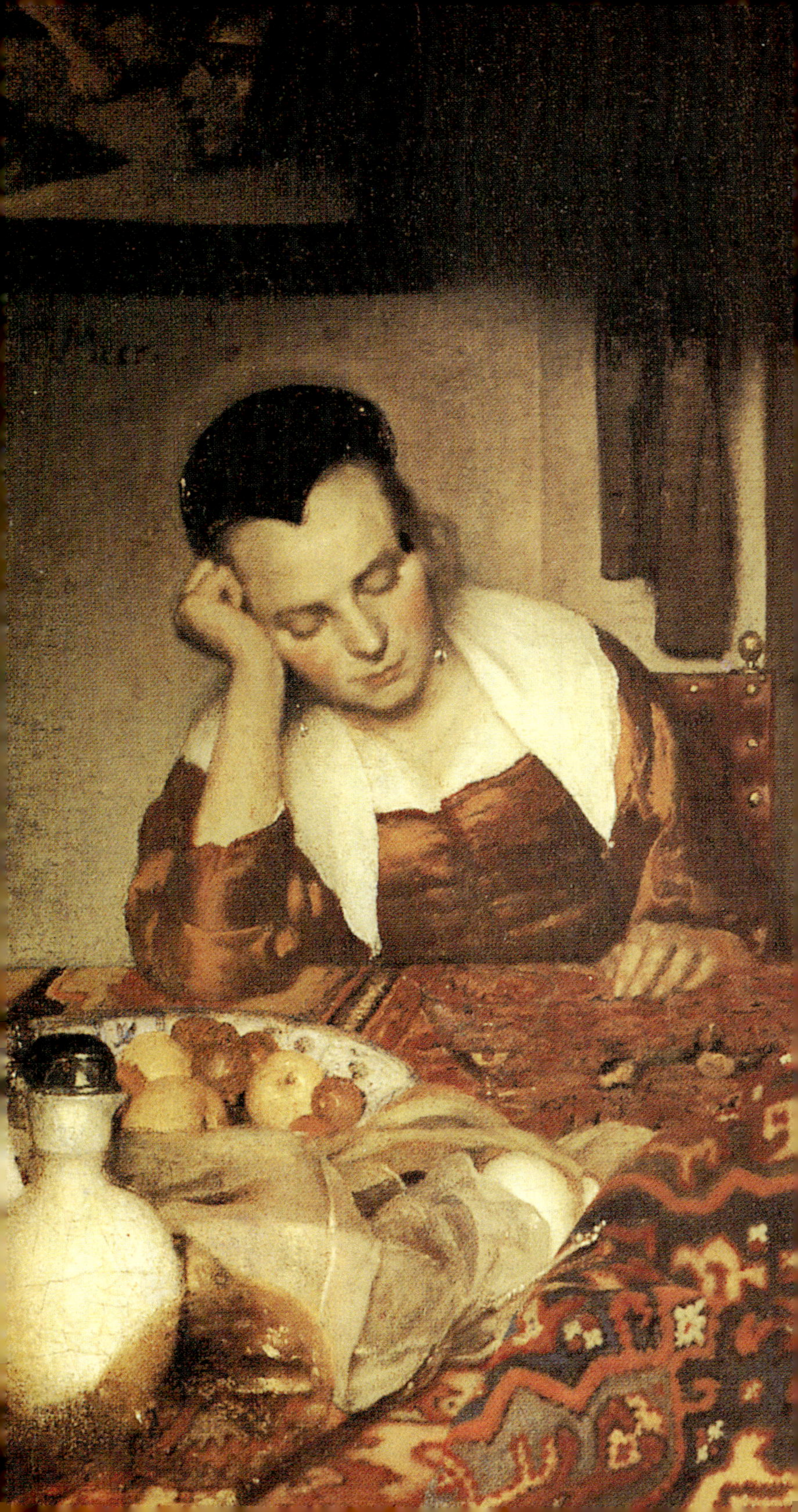

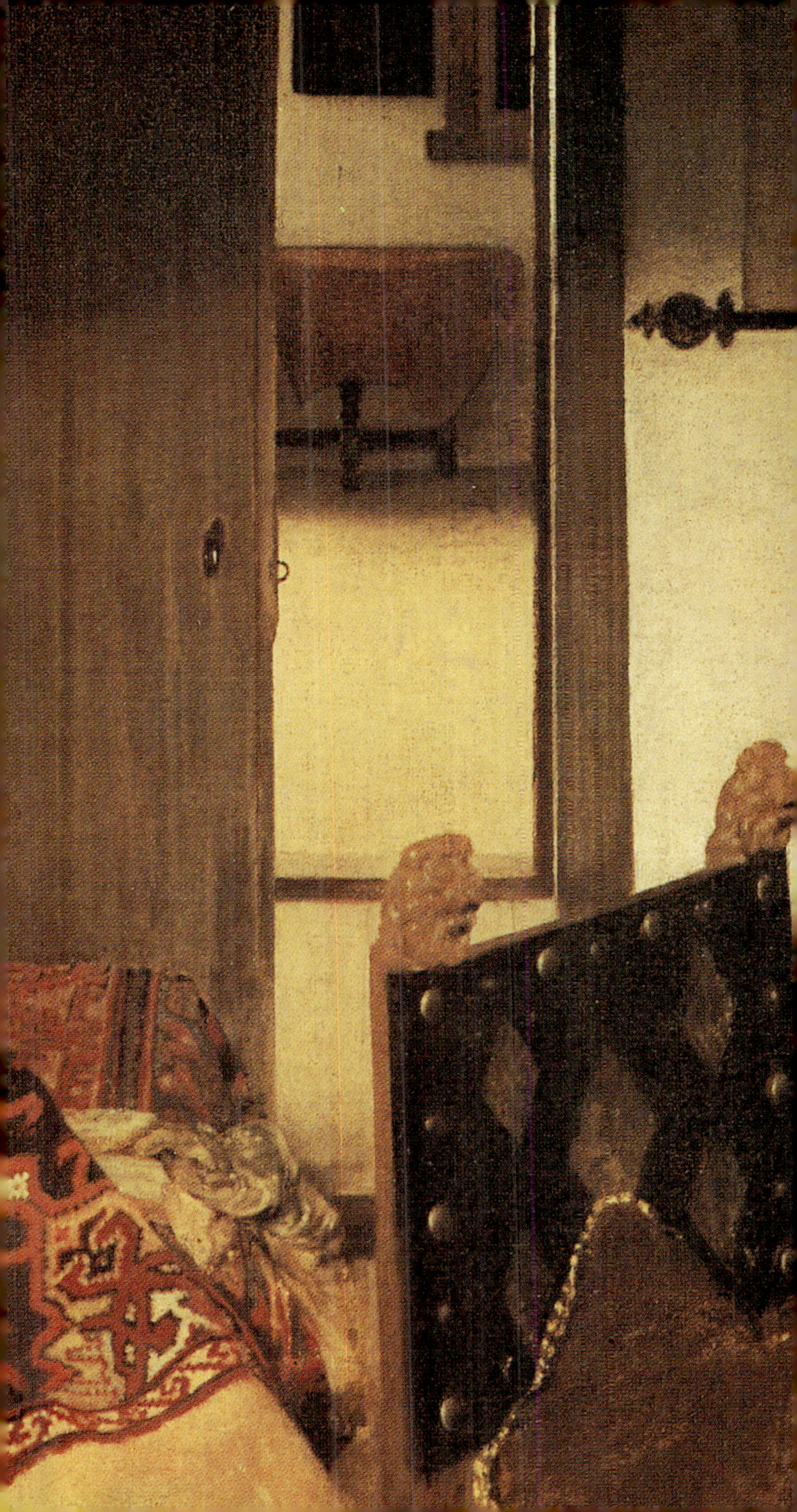

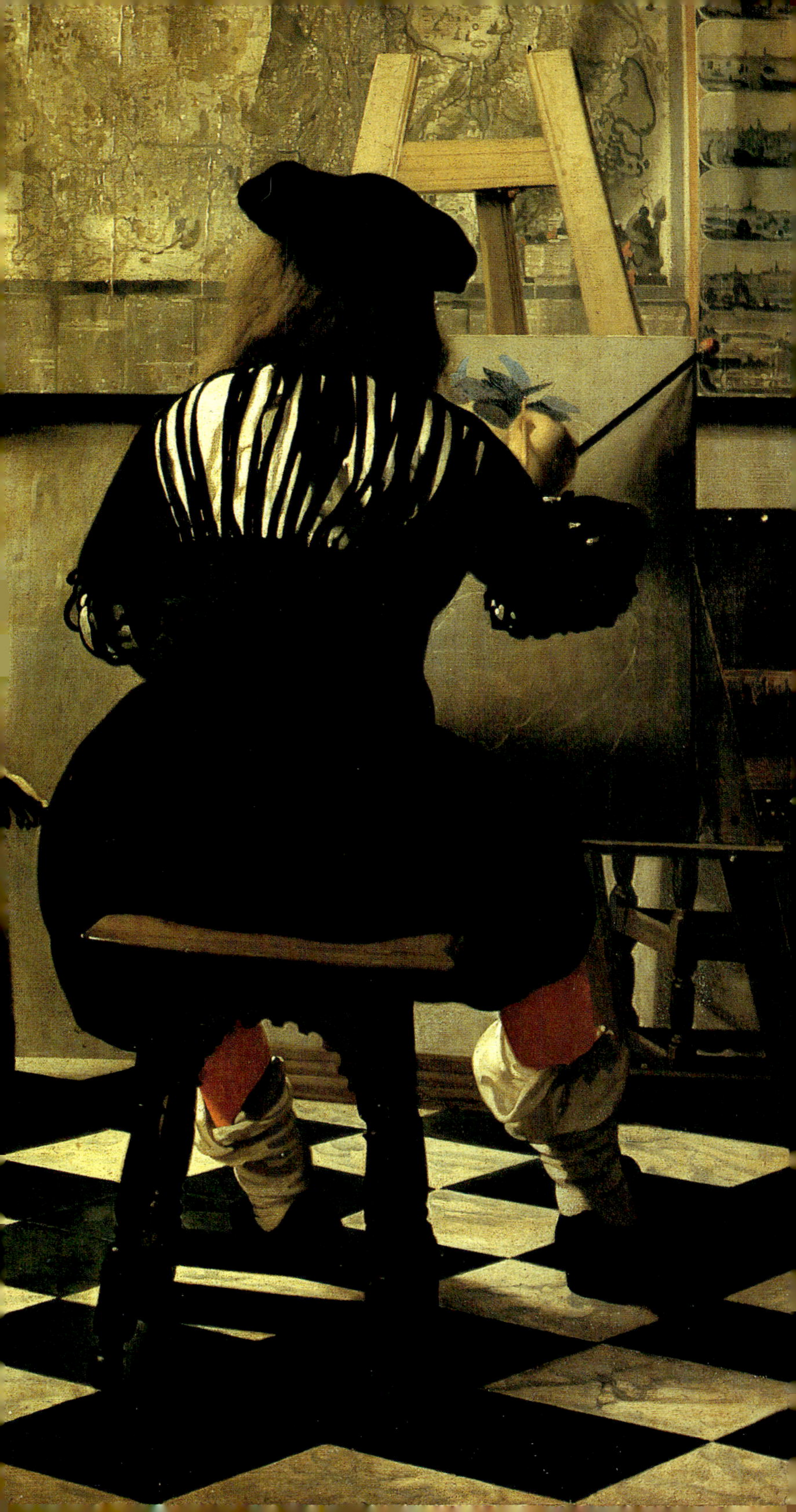

Accessoires et matériel

*L'Atelier**, tableau représentant pour certains critiques Vermeer au travail, ne donne pratiquement pas de renseignements sur la technique du peintre et ne montre aucun des nombreux accessoires que l'on trouve habituellement dans un tel lieu. Grâce aux études scientifiques des toiles, on sait que Vermeer ne peignait pas comme l'artiste de *L'Atelier*. Il étendait une couche de préparation blanche, parfois légèrement teintée de jaune, de brun ou de gris et dont l'épaisseur était assez importante. L'inventaire après décès révèle une partie du matériel classique de sa pratique. Il possédait une canne à pommeau d'ivoire qui lui servait d'appui-main pour exécuter les dernières phases de la peinture qui demandaient une grande assurance du geste. Il est également fait mention de chevalets, de palettes et d'une table de pierre qui lui servait pour écraser ses couleurs. L'inventaire ne parle pas de ses pinceaux. Cependant, grâce à l'étude de la touche, on sait que Vermeer utilise de grands pinceaux à bout carré et de plus petits à bout rond, en soie de porc, en poils d'écureuil ou de loutre (Wadum).

Une chambre* noire lui aurait servi à préparer sa composition et des fils tendus à partir d'une pointe fixée sur la toile sur le point de fuite lui permettaient de construire sa perspective.

À cette liste assez ordinaire, on peut ajouter des objets plus personnels. Son mobilier* (chaises, tapis, etc.), qu'il plaçait devant lui en fonction de ses sujets, appartient, au même titre que les couleurs et les pinceaux, au matériel intime d'une pratique picturale. GC

Allégorie. Voir Foi

Amour vénal

Au grand dam de ses moralistes, la république des Provinces-Unies recèle en son sein une multitude de lieux de perdition où la prostitution a libre cours : que ce soit dans une taverne (voir Bordels) où l'on boit et où se rencontrent la putain et son client, ou bien dans une Stille Huyzen, c'est-à-dire une maison borgne.

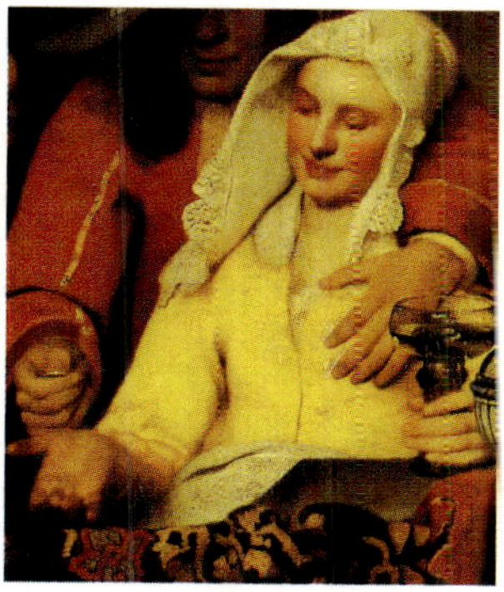

L'Entremetteuse (détail), 1656. Dresde, Gemäldegalerie.

Les magistrats hollandais répriment modérément la prostitution, envoyant quelques contrevenantes en maison de correction, organisant des opérations de police plus ou moins sévères dans les quartiers chauds. Ceux-ci se confondent souvent avec les zones portuaires, comme à Amsterdam ou à Rotterdam.

L'amour vénal ne touche cependant pas que les bas-fonds et une forme de prostitution mondaine se pratique au sein de la haute bourgeoisie, à La Haye notamment. Dans cette société où la pression morale est forte, le concubinage est honni et un

L'Atelier ou *L'Art de la peinture* (détail), v. 1662-1665. Vienne, Kunsthistorisches Museum.

mariage entaché d'infidélités paraît souvent préférable. L'amour vénal est l'exutoire de ce conformisme.
Les peintres hollandais se plaisent à représenter ce monde interlope, reflet inversé de l'univers propre et ordonné de la famille bourgeoise prôné par les moralistes et illustré lui aussi par les peintres. Dans *L'Entremetteuse* de 1656 (Dresde), Vermeer transcrit clairement ce monde vénal : un homme montre une pièce à une jeune femme et pose la main sur l'un de ses seins, sous les yeux d'une entremetteuse. Dans *Le Concert à trois* (ill. p. 45) et *Une dame assise au virginal* (ill. p. 40), *L'Entremetteuse* (Boston,1622) de Dirck van Baburen*, accrochée au mur, rappelle que la musique profane prépare aussi à la volupté. OZ

Amsterdam. Voir Foyers

Apprentissage
On ne sait que très peu de choses sur les premières années de la carrière de Vermeer, c'est-à-dire avant son entrée à la guilde*, en 1653.
Il fallait faire valoir six années d'apprentissage* avant de pouvoir être admis comme maître de la guilde. Les peintres qui ont pu lui offrir cette instruction sont assez nombreux : Cornelis Daemen Rietwiejck, qui enseignait le dessin dans le Voldersgracht où Vermeer avait passé son enfance, Evert van Aelst, peintre de natures* mortes, et Leonaert Bramer, tous deux proches de la famille de l'artiste. Présent à Delft* en 1650, Fabritius (voir Védutistes), de dix ans son aîné et élève de Rembrandt*, a pu transmettre à Vermeer les influences du milieu artistique d'Amsterdam – celui de Jacob van Loo notamment. Les archives révèlent que, dès 1653, Vermeer est en contact avec Ter Borch*. Cependant, l'influence de ce dernier ne se manifestera que plus tard.
Les toiles aux sujets bibliques et mythologiques que Vermeer

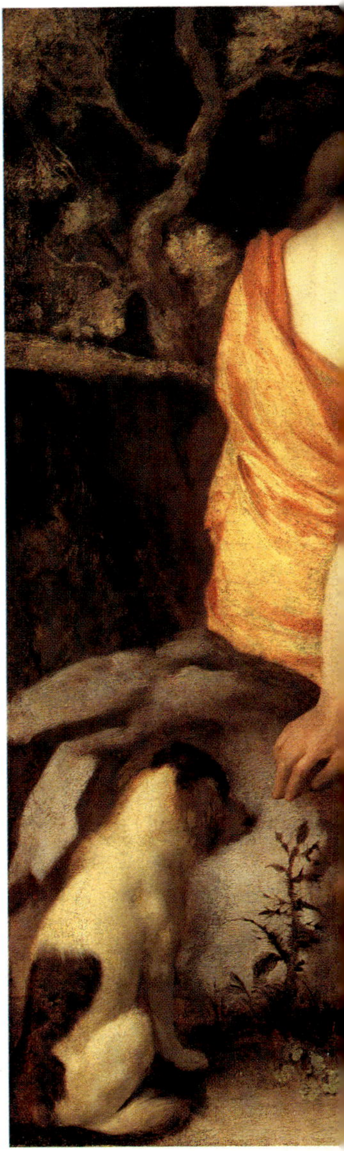

Diane et ses compagnes,
v. 1655-1656.
H/t 97,8 × 104,6.
La Haye,
Mauritshuis.

exécute entre 1654 et 1657 permettent de préciser les étapes de sa formation. Ses premiers tableaux suggèrent une influence de la peinture italienne (*Diane et ses compagnes*, La Haye ; *Le Christ* chez Marthe et Marie*) et plus particulièrement de la peinture caravagesque* (*L'Entremetteuse*, ill. p. 43) que l'école d'Utrecht a pu lui transmettre. Vermeer s'est peut-être rendu dans cette ville pour suivre l'enseignement de Bloemaert*. GC

Artistes ou artisans.
Voir Guildes

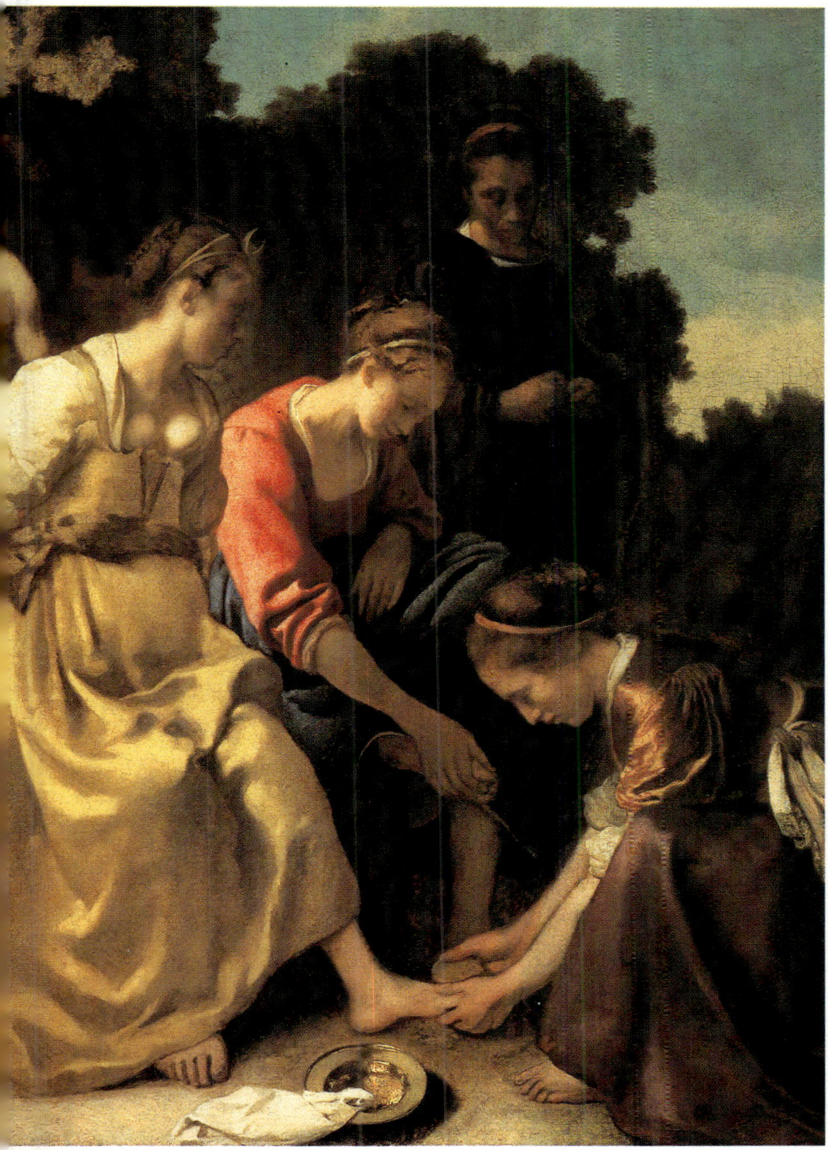

ASTRONOME

Ce tableau tient une place à part dans l'œuvre de Vermeer : moins qu'une scène d'intérieur* renvoyant à l'intimité de la vie privée, il illustre ces figures d'hommes de science ou de philosophes que l'on trouve par exemple chez Rembrandt* : on l'a d'ailleurs souvent comparé au *Faust* de ce dernier. Pourtant, *L'Astronome* s'adonne à une activité, certes scientifique, mais relevant de la sphère privée, évoquant le goût croissant pour les sciences exactes dans la Hollande du XVIIe siècle. *Le Géographe* (Francfort, ill. p. 17) en constitue le pendant et le complément : leur champ d'observation couvre la terre et le ciel, soit la totalité de l'univers, connu et inconnu. Un complexe réseau de correspondances unit les deux tableaux dont les pièces, les meubles, le personnage lui-même – sans doute Van Leeuwenhoek, le fameux constructeur de microscopes de Delft – sont identiques. Les objets se font écho, tels les globes terrestre et céleste, la carte* murale et le tableau, l'armoire et le tapis, similaires. Mais de subtiles nuances les différencient : la position des objets, l'attitude des personnages et la qualité de la lumière*. Les attributs traditionnels de l'astronomie sont présents : un astrolabe, un compas, un globe céleste, un cadran, un livre – le traité sur l'observation des étoiles de Metius, dont Vermeer utilise l'édition de 1621. La fenêtre* et le tapis assurent la distribution et la répartition de la lumière. Celle-ci, réfléchie par les objets, trace un réseau géométrique rectiligne qui structure l'espace. La représentation est celle d'un moment précis : l'astronome est saisi dans l'ins-

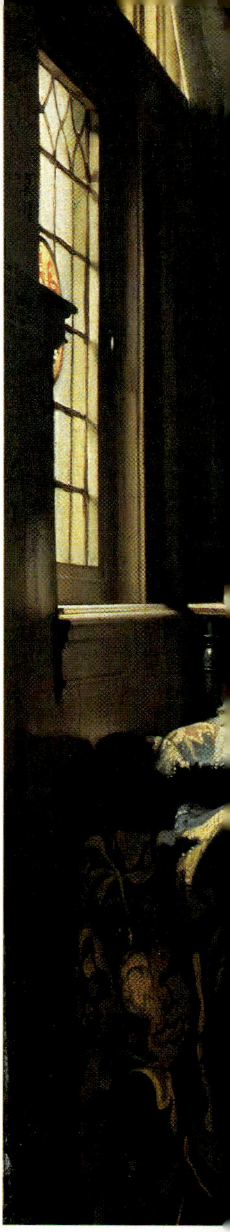

L'Astronome

1668. H/t 50 × 45
Paris, Louvre.

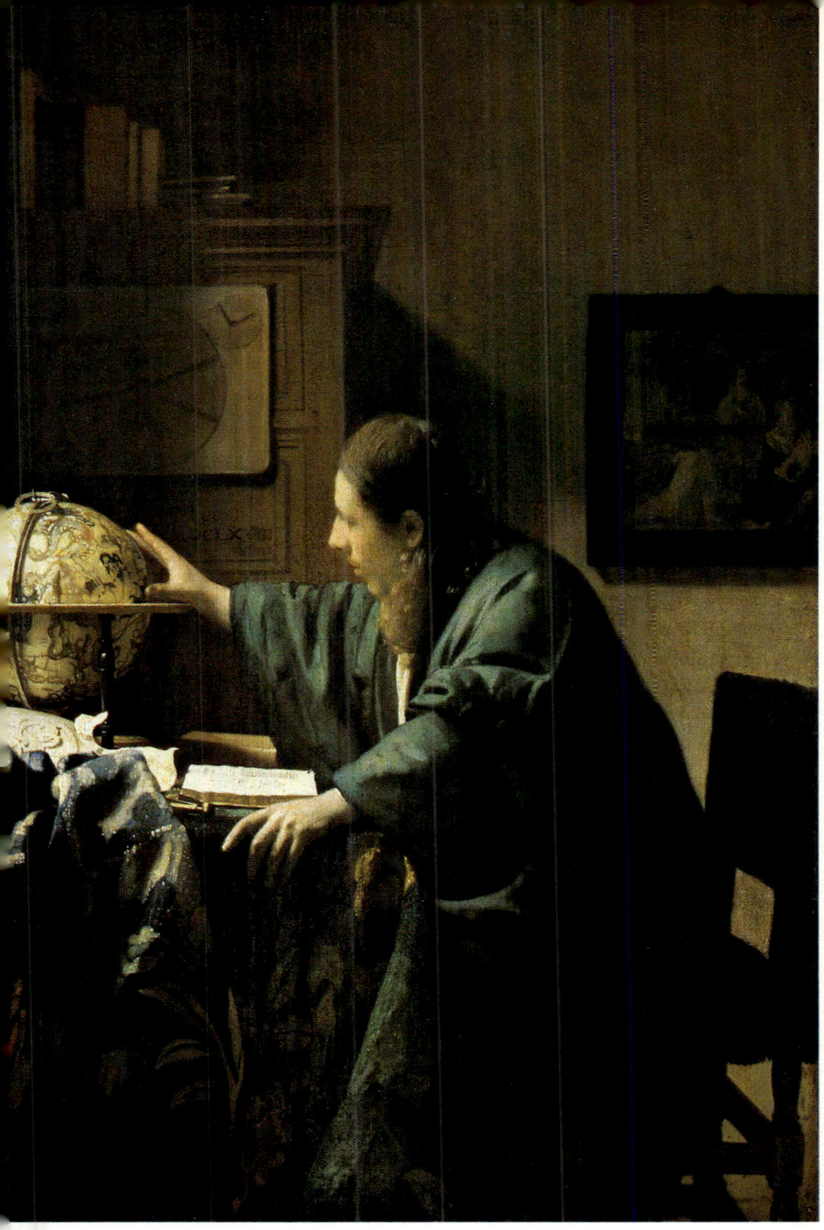

tantanéité de son geste ; à peine levé de sa chaise, il s'apprête à faire tourner le globe céleste de sa main droite. Le tableau (voir Citations) accroché au mur, un *Moïse sauvé des eaux*, fournit quelques clés pour l'interprétation de l'œuvre de Vermeer. Il peut évoquer l'interdit d'idolâtrie prononcé par Moïse dans la Bible qui concerne aussi le culte des étoiles et du soleil. Mais le texte de Métius, que l'astronome a sous les yeux, fait allusion aux patriarches comme premiers observateurs des étoiles ; et Moïse, qui a conduit les Hébreux hors d'Égypte, est traditionnellement associé au voyage et à la géographie. Moïse sauvé ferait par ailleurs allusion à la naissance d'un enfant dont l'horoscope serait donné par le signe de la Balance, mis en évidence sur le globe. CaG

Atelier (L')

En 1661 commencent à Delft* les travaux de construction d'un nouveau local pour la guilde* de Saint-Luc ; la décoration intérieure doit avoir pour sujet les allégories de la Peinture, de la Sculpture et de l'Architecture. La participation de Vermeer à ce projet n'est pas certaine, mais il est possible qu'il ait conduit l'artiste à élaborer une évocation allégorique de son art. Si le titre de la toile de Vienne a longtemps été *L'Atelier du peintre*, il s'agit en fait plus probablement de *L'Art de la peinture* : il est en effet mentionné comme tel dans l'inventaire* après décès du peintre.
La pièce est sans doute celle où peignait l'artiste ; il est probable que l'homme assis à son chevalet soit un autoportrait*. Le modèle pose en Clio, la muse de l'Histoire, décrite par Cesare Ripa dans l'*Iconologia*, traduite en néerlandais en 1644. Couronnée de lauriers, elle tient un livre et une trompette, celle de la Renommée, rappelant que la peinture d'histoire* est illustration de faits glorieux.
La carte* murale, représentant les Pays-Bas*, fait allusion à l'importance et à l'unité de la peinture hollandaise (voir Foyers). Elle renvoie aussi à l'histoire du pays : il est significatif que cette carte ne montre pas les frontières telles qu'elles étaient à l'époque de Vermeer, mais telles qu'elles étaient avant 1581, quand les Pays-Bas étaient possession bourguignonne.
Tout en reprenant à son compte le discours traditionnel de la théorie de l'art, *L'Atelier* propose une interprétation qui en repense les fondements : il revient à la couleur* et à la lumière* de transcrire l'univers visible. CaG

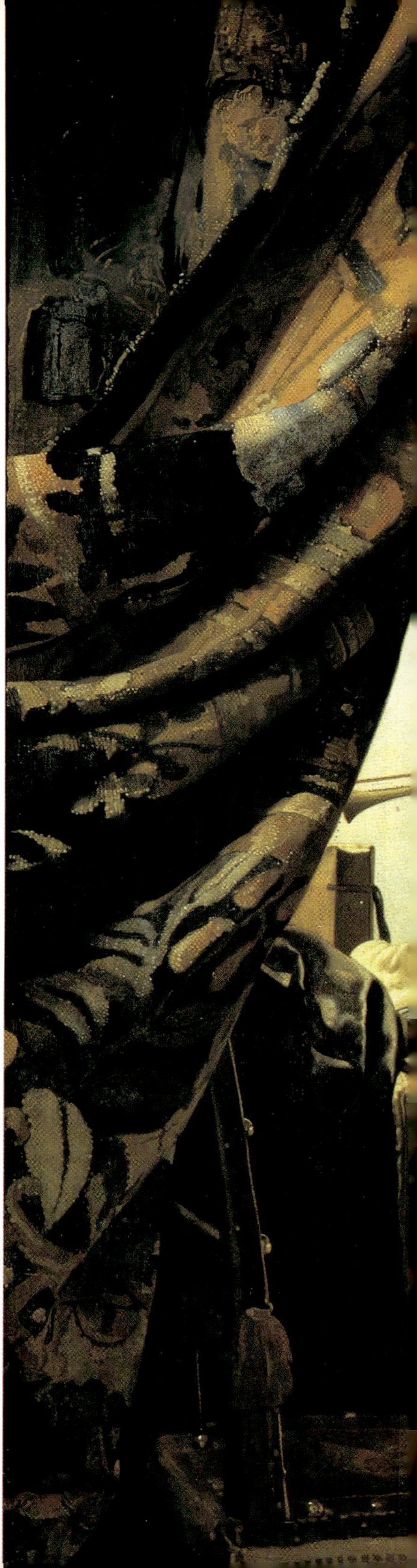

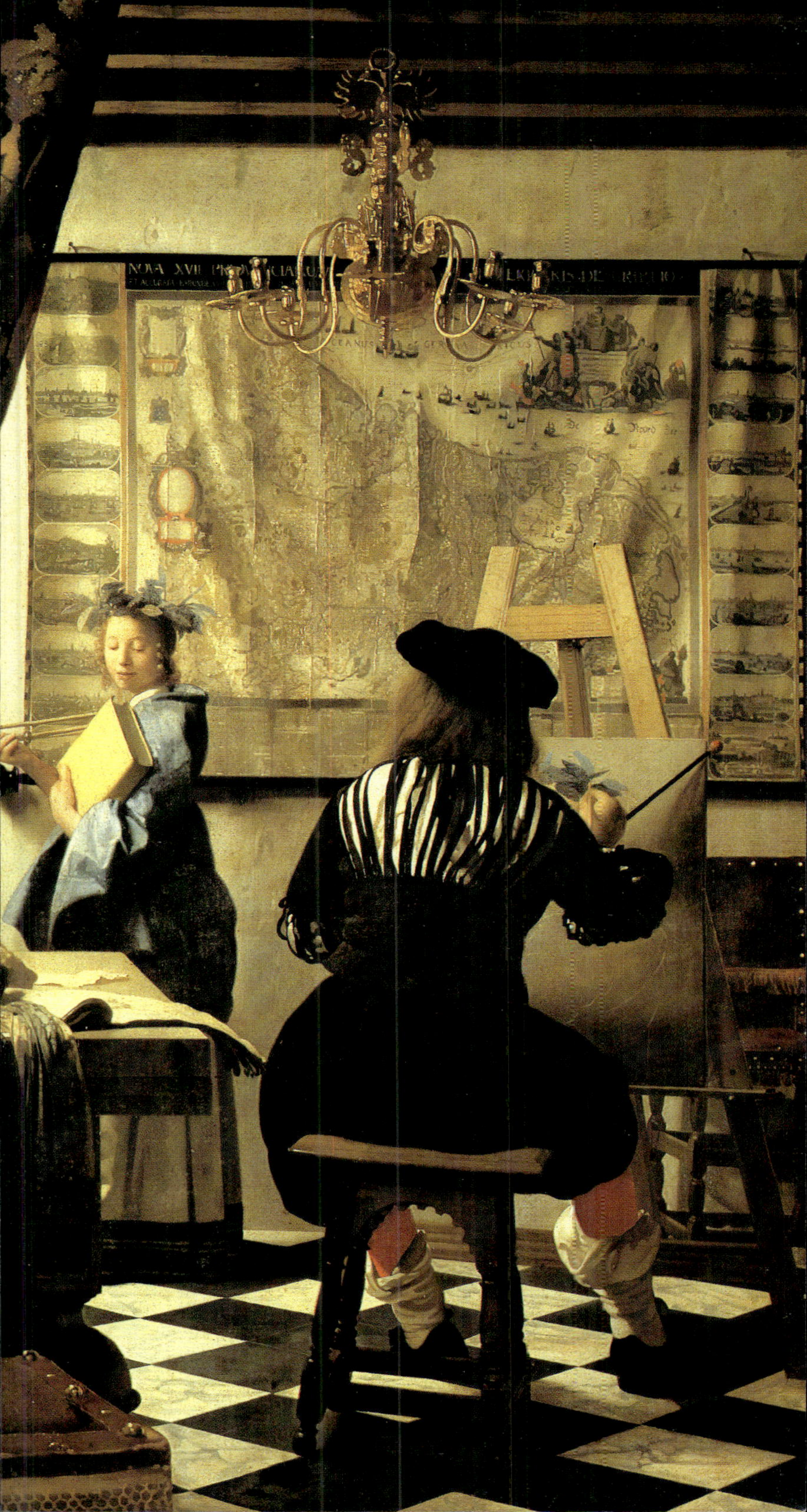

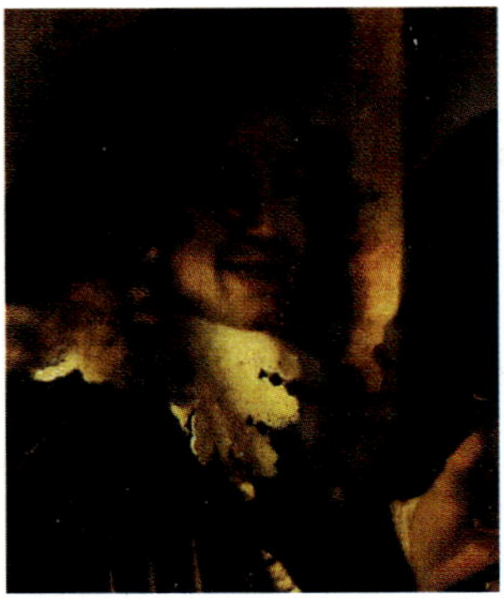

L'Entremetteuse (détail), 1656. Dresde, Gemäldegalerie.

Autoportraits

Il n'existe pas, au sens strict, d'autoportraits de Vermeer : celui-ci n'a laissé aucun tableau, aucun dessin, qui en porterait le titre ou se prétendrait tel. On a voulu identifier l'artiste dans la figure du *Géographe* (ill. p. 17) ou dans celle de *L'Astronome**. Mais il importe peu de savoir quels sont les traits de son visage. Bien plus intéressante est la manière dont il s'est mis en scène dans son œuvre.

L'autoportrait le plus probable est celui qui apparaît dans le personnage de gauche de *L'Entremetteuse* (ill p. 43). Suivant une tradition établie depuis la Renaissance, les artistes ont coutume de se représenter dans leurs tableaux d'histoire. Ils se signalent alors par leur attitude : placés en léger retrait par rapport à l'action principale et le visage tourné vers le spectateur. C'est le procédé auquel a recours Vermeer dans ce tableau.

On retrouve le même personnage, vêtu d'un costume identique, dans *L'Atelier**. Cependant, le peintre y est vu de dos : son visage demeure caché et son identité nous échappe. Rien n'indique qu'il s'agisse de Vermeer ; il signifie simplement la présence idéale de l'artiste dans l'œuvre. Cette présence devient plus symbolique dans *La Leçon de musique* (Londres, Buckingham Palace, ill. p. 92). Là aussi, on a voulu voir dans le jeune homme un autoportrait. Mais, une fois encore, l'artiste est ailleurs. Le miroir reflète un chevalet qui en évoque la présence dans un temps autre, celui de la réalisation de l'œuvre. Le jeune homme, qui porte un regard amoureux sur la jeune fille, sert en quelque sorte de relais au regard du peintre. Par analogie, on peut ainsi définir le regard du peintre sur son tableau comme un regard d'amour sur la peinture. CaG

AUTOUR DE 1650
Une nouvelle génération de peintres de genre

Au milieu du XVIIe siècle, de nombreux jeunes artistes, dont la plupart sont spécialistes de peinture d'histoire* (Jacob van Loo, Metsu*), s'intéressent à la scène de genre* et en bouleversent les habitudes, établies autour des années 1630 à Amsterdam et à Haarlem.

À Delft, des peintres comme Fabritius (voir Védutistes) ou Maes, anciens élèves de Rembrandt*, travaillent les effets de lumière et le traitement de l'espace en perspective et permettent ainsi à la scène de genre d'évoluer vers des représentations plus raffinées. De Hooch* introduit dans les scènes d'intérieur un travail particulier sur la perspective que Vermeer reprendra par la suite. Ter Borch*, l'autre grand peintre qui révolutionne le genre, invente de nouveaux thèmes dont Vermeer fera ses sujets favoris, comme celui de

Pages précédentes : *L'Atelier* ou *L'Art de la peinture*, v. 1662-1665. H/t 130 × 110. Vienne, Kunsthistorisches Museum.

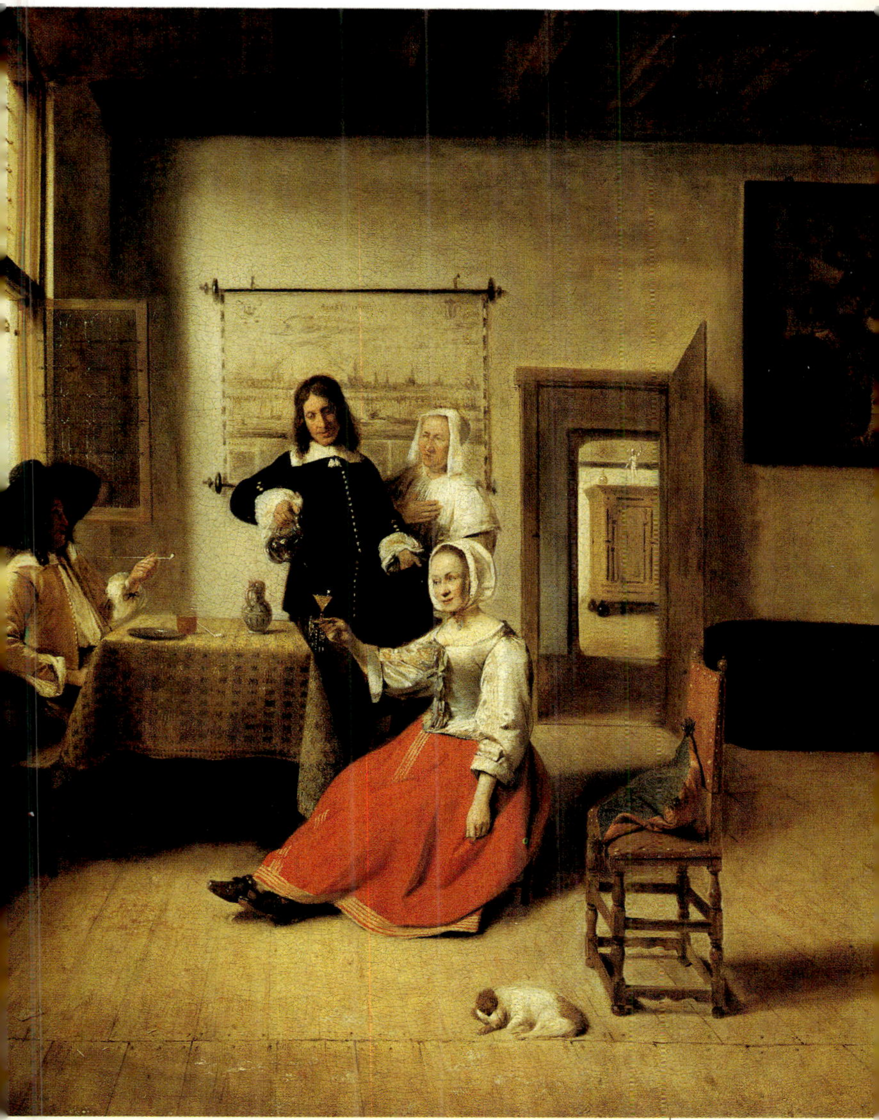

la femme écrivant une lettre*, et donne à ce type de peinture une nouvelle dimension. Sous son impulsion, les scènes deviennent plus réduites, les personnages moins nombreux et les sujets plus délicats. Autour des années 1650, les représentations de bordels et de paysans jouant aux cartes dans des tavernes disparaissent du répertoire de la peinture de genre. Les nouveaux thèmes, où l'intimité (voir Intérieurs) se fait plus présente, sont investis d'une valeur morale que certains détails sont chargés de dévoiler – comme les peintures dans la peinture (voir Citations, Conversations galantes) qui ornent souvent les murs. La scène de genre gagne ainsi, au cours de ces années, une certaine « respectabilité ». GC

Pieter de Hooch, *La Buveuse*, 1658. H/t 69 × 60. Paris, Louvre.

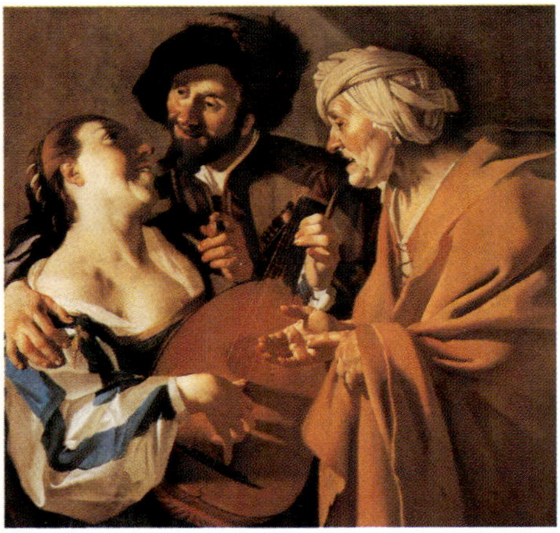

Dirck van Baburen, *L'Entremetteuse*, 1622. H/t 101 × 107. Boston, The Museum of Fine Arts.

Baburen (Dirck van)

Dirck van Baburen (vers 1595-1624) étudie la peinture à Utrecht, sa ville natale, auprès de Paulus Moreelse et s'inscrit à la guilde* dès 1611. Ainsi est-ce un artiste pleinement formé qui prend la route de l'Italie*, sans doute l'année suivante. Il y arrive peu après la mort du Caravage*, dont la réputation est à son sommet. Comme la plupart des jeunes artistes étrangers de sa génération qui résident alors à Rome, il en subit profondément l'influence et adopte sa manière de composer, son goût pour les personnages plébéiens ainsi que son utilisation dramatique de l'ombre et

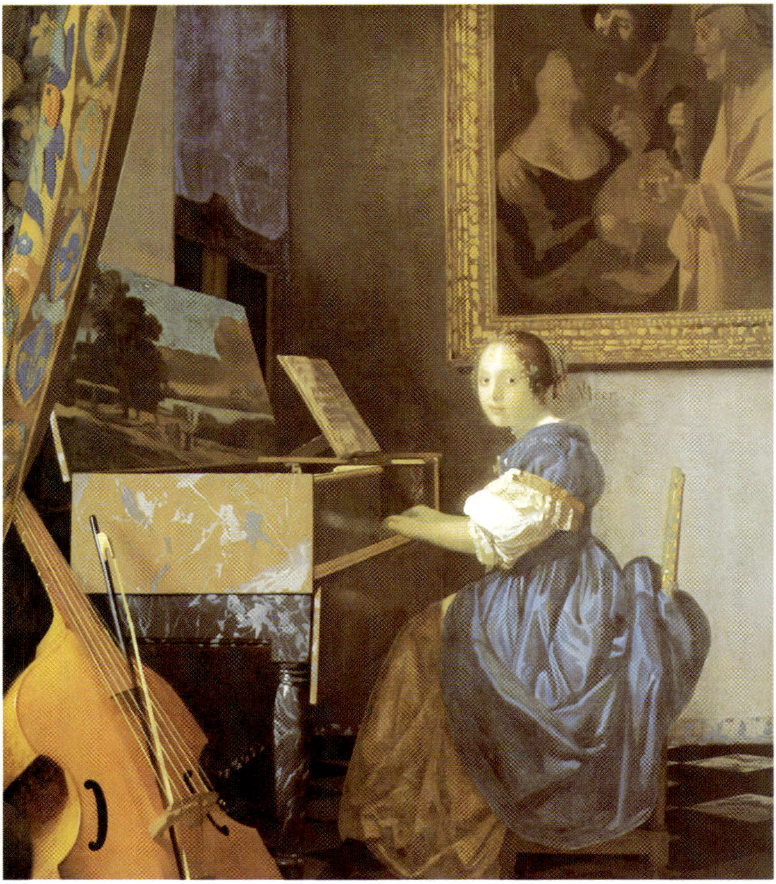

de la lumière*. Il se fait vite estimer dans le milieu romain et reçoit des commandes importantes pour les églises. Son œuvre majeure est *La Mise au tombeau*, peinte pour San Pietro in Montorio, où ont travaillé Raphaël et Sebastiano del Piombo au siècle précédent.
Vers 1620, il rentre à Utrecht où il fait rapidement figure de chef d'école. Ses sujets prennent alors un caractère plus profane : il peint des musiciens, des concerts, des scènes de tavernes ou de bordels*, telle *L'Entremetteuse* (Boston) qui appartiendra à Maria Thins*, et que Vermeer représentera dans deux de ses tableaux, *Le Concert à trois* (Boston, ill. p. 45) et *Une dame assise au virginal* (Londres). En 1622, il participe à l'une des rares commandes du stadhoudérat, passée par Frédéric-Henri d'Orange*, une suite de portraits de douze empereurs romains, pour laquelle il réalise un *Titus*. CaG

Bloemaert (Abraham)

L'atelier d'Abraham Bloemaert (1564-1651) est l'un des plus actifs d'Utrecht*. Formé à Paris entre 1580 et 1583, l'artiste pratique jusqu'à sa mort un style que l'on a appelé « maniérisme tardif ». Son influence sur la peinture hollandaise du début du XVIIe siècle est considérable et il forme de nombreux élèves.
La question du passage de Vermeer chez Bloemaert est une hypothèse séduisante. Ses œuvres de jeunesse présentent en effet de nombreuses affinités avec les peintres de l'école d'Utrecht, par leur style comme par leur sujet. On ne peut cependant exclure la possibilité d'un séjour du peintre à Amsterdam.

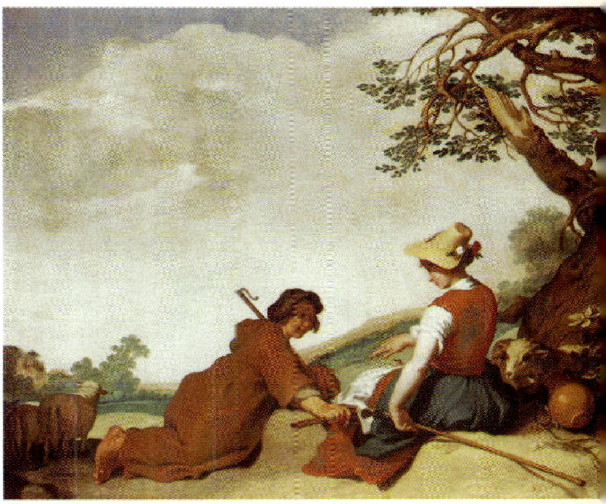

Abraham Bloemaert, *Scène pastorale*, 1627. H/t 60 × 74,4. Hanovre, Niedersächisches Landesmuseum.

Le fait que Bloemaert soit catholique ne constitue pas un obstacle : le prestige indéniable dont jouit l'artiste est le gage d'une formation de qualité. C'est probablement dans son atelier que Vermeer commence à s'imprégner de convictions catholiques. On expliquerait ainsi mieux la rapidité avec laquelle il se convertit au catholicisme après ses fiançailles avec Catharina Bolnes*.
On peut même imaginer que Vermeer a rencontré chez Bloemaert sa future femme : Jan Geensz. Thins, cousin et tuteur de Maria Thins*, la belle-mère de l'artiste, est en effet un parent par alliance et un ami du maniériste d'Utrecht. CaG

Bolnes (Catharina) : un mariage catholique

Vermeer se marie le 20 avril 1653 avec Catharina Bolnes, âgée de 22 ans. On sait que la mère de la mariée, Maria Thins, autorise la publication des bans, mais qu'elle refuse de signer l'acte de consentement au mariage, juste quinze jours auparavant. Issue d'une vieille famille bourgeoise de Gouda, est-elle contrariée par la disparité de milieu social entre elle et Reynier

Une dame assise au virginal, v. 1675. H/t 51,5 × 45,6. Londres, National Gallery.

Vermeer*, un simple artisan et teneur d'auberge, accusé d'avoir tué un homme dans une rixe par surcroît ? Gertruyd, la sœur unique du jeune artiste, avait épousé un encadreur besogneux. Le grand-père de Vermeer et son oncle maternel avaient autrefois fait de la prison pour faux-monnayage. L'hypothèse la plus convaincante reste cependant la différence de confession puisque Vermeer et sa famille sont protestants, alors que Catharina Bolnes et ses parents sont catholiques (voir Tolérance). C'est peut-être l'intervention de Leonaert Bramer (voir Apprentissage), catholique lui aussi, et la promesse de Vermeer de se convertir, qui décident Maria Thins à « souffrir » le mariage. La cérémonie catholique a lieu à Schipluyden, village proche de Delft*, majoritairement papiste. Dès 1660, Vermeer, sa femme et deux ou trois jeunes enfants s'installent chez la belle-mère de l'artiste, dans le Oude Langendijk, situé dans le Paepenhoeck (le « coin des papistes »), le quartier catholique de Delft. L'artiste continue à y entretenir des rapports cordiaux avec sa belle-mère. Il vivra là avec sa famille jusqu'à sa mort. Les prénoms donnés à deux de ses enfants, Ignatius et Franciscus, ainsi que le sujet d'un des derniers tableaux de Vermeer, *L'Allégorie de la Foi**, d'inspiration jésuite, laissent supposer des affinités avec le milieu jésuite de Delft. OZ

Borch (Gérard Ter)

Gérard Ter Borch, né en 1617 à Zwolle, passe ses années d'apprentissage à Haarlem puis dans l'atelier de son père. Après de multiples voyages en Italie, en Espagne et en France, il commence sa véritable carrière par des portraits où, avec un fond sombre et nu, il s'attarde sur le rendu psychologique.

Vermeer rencontre Ter Borch en 1653 à Delft* à l'occasion de son mariage avec Catharina Bolnes*. Les termes employés dans un acte notarié signé par les deux artistes attestent la célébrité dont jouit déjà Ter Borch par rapport au jeune Vermeer. Leur œuvre n'a encore rien en commun à cette époque et il semble peu probable que Ter Borch ait donné à Vermeer un véritable enseignement.

La peinture de ces deux artistes se rapproche cependant aux alentours de 1660 lorsqu'ils abordent la scène de genre*. Ter Borch est celui qui a permis à ce thème de se transformer en donnant aux scènes souvent triviales un certain raffinement. Le peintre abandonne vite les scènes militaires, avec leurs soldats buvant et jouant aux cartes, pour la représentation de

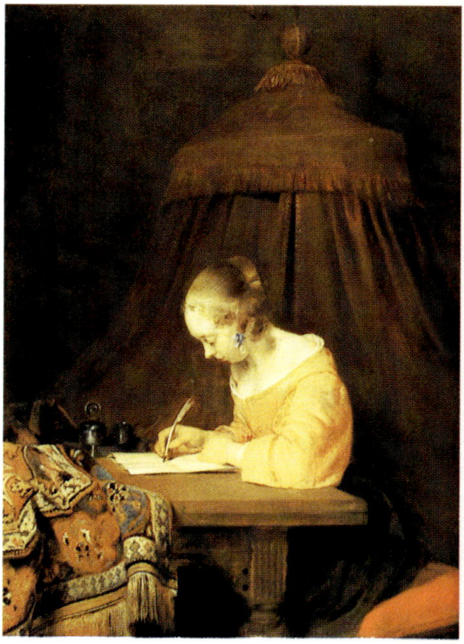

Gérard Ter Borch, *Femme écrivant une lettre* (détail), v. 1655. La Haye, Mauritshuis.

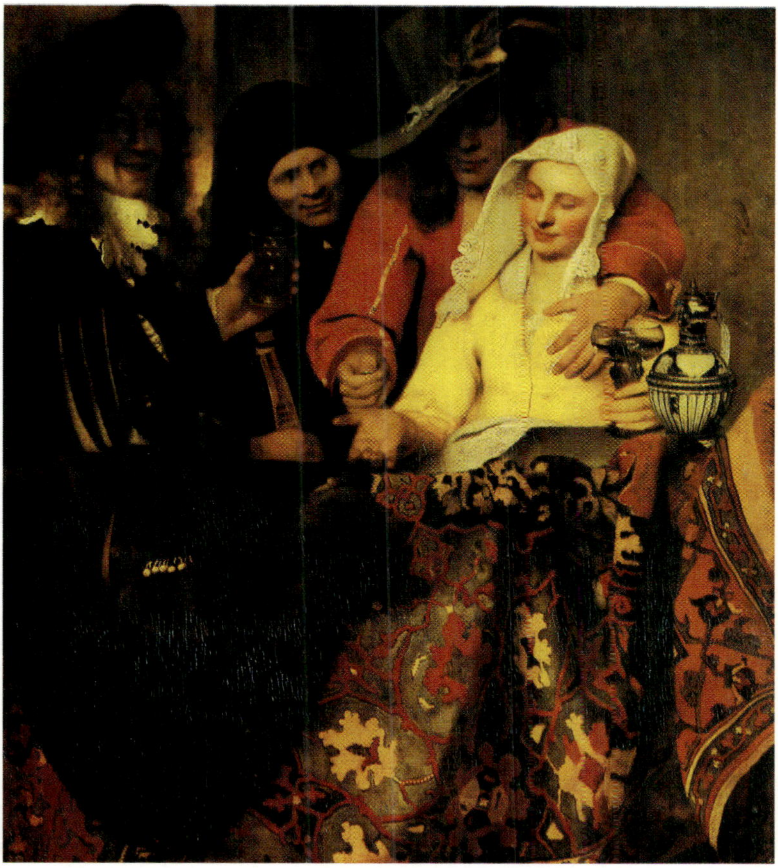

moments intimes de la vie quotidienne : femmes à leur toilette ou écrivant des lettres* (*Femme écrivant une lettre*, La Haye), conversations* galantes etc. Sa palette est plutôt sombre et ses intérieurs* sont toujours éclairés par une lumière* délicate.
De Hooch* et Van Mieris* reprendront les leçons de Ter Borch.
De même, l'impression de retenue, le caractère intime de ses scènes ainsi que le jeu opéré sur la disposition des sujets – Ter Borch n'hésitant pas à peindre parfois ses personnages de dos (*Cavalier vu de dos*, 1634, Boston) –, marqueront profondément l'œuvre de Vermeer. GC

Bordels et tavernes (scènes de)

Les allusions à l'amour* vénal et à la débauche sont monnaie courante dans la scène de genre*. Ce qui reste le plus souvent voilé par l'élégance de la représentation, ou par le détournement apparent du sujet devient manifeste dans les scènes de taverne et de bordel : la différence réside dans le traitement et dans la mise en œuvre du discours, non dans sa finalité. Le propos de ces peintures est clair : toutes visent à l'édification morale. Loin d'offrir au spectateur un divertissement plaisant – sans pouvoir toutefois y échapper –, elles cherchent à le

L'Entremetteuse, 1656.
H/t 143 × 130.
Dresde, Gemäldegalerie.

mettre en garde contre les préoccupations futiles et l'abus des plaisirs. Les tableaux de buveurs et de femmes à leur toilette peuvent être assimilés à ce type de représentation : le sommeil de l'ivresse mène à la paresse (*La Jeune Fille endormie*, ill. p. 28-29) ; la toilette féminine, par delà l'invite au voyeurisme, fait souvent allusion à la prostituée dans l'exercice de son métier.
Ces scènes de genre sont *aussi* des peintures érotiques. Certains objets intégrés au décor sont d'évidentes métaphores sexuelles qui renvoient parfois assez crûment aux conclusions dont nous ne voyons dans le tableau que les préliminaires : huîtres, galants offrant ou recevant à boire, transactions entre l'entremetteuse ou la prostituée et son client, etc. La musique*, dont la pratique est condamnée par l'Église réformée comme activité mondaine, intervient fréquemment dans ces scènes. CaG

« Dans ses toiles, l'art de la composition est employé de la manière la plus secrète. »

Jean-Louis Vaudoyer, 1921.

BOURGEOISIE
Puissance et symboles

La puissance des Provinces-Unies repose essentiellement sur une réelle suprématie maritime et commerciale (voir Pays-Bas) portée par la bourgeoisie entreprenante et inventive des grandes villes.
Cette aristocratie de l'argent détient le pouvoir politique, même si, lors de brèves périodes de crise, la Maison d'Orange* parvient à imposer ses vues à la République. En effet, c'est de ce patriciat urbain que sont issus les régents des villes et les représentants élus des États de province, qui nomment eux-mêmes les membres des États généraux. Parmi ces provinces, la Hollande est la plus peuplée, la plus riche et la plus influente. Ainsi ce patriciat détient-il à la fois le pouvoir central et local, l'aristocratie, souvent minoritaire aux États, n'ayant d'influence que dans les provinces rurales de Gueldre et d'Overijssel. Le pouvoir de cette oligarchie, animée d'un calvinisme* modéré, est plutôt tolérant, pacifiste et pragmatique : les conflits sont inévitables avec la Maison d'Orange et les calvinistes orthodoxes, dont fait partie la classe moyenne.
Destinée à la bourgeoisie et répondant à son goût pour une représentation simple et honnête des multiples aspects de la vie – et notamment de la sienne –, la peinture hollandaise du XVIIe siècle produit une immense quantité de toiles thématiques de petite taille. La spécialisation* par sujets se renforce, donnant naissance à de nouveaux genres.
Collectionneuse et cultivée, l'élite à laquelle appartiennent des hommes tels Constantijn Huygens et Jan de Witt, célèbre son rang dans des portraits de plus en plus fastueux. Les portraits collectifs des compagnies de tireurs de la milice de chaque ville exaltent leur rôle lors de la guerre d'Indépendance. Les milices sont parfois mobilisées dans des cas d'urgence, comme pendant la guerre* contre la France, mais elles servent surtout à maintenir l'ordre des régents. OZ

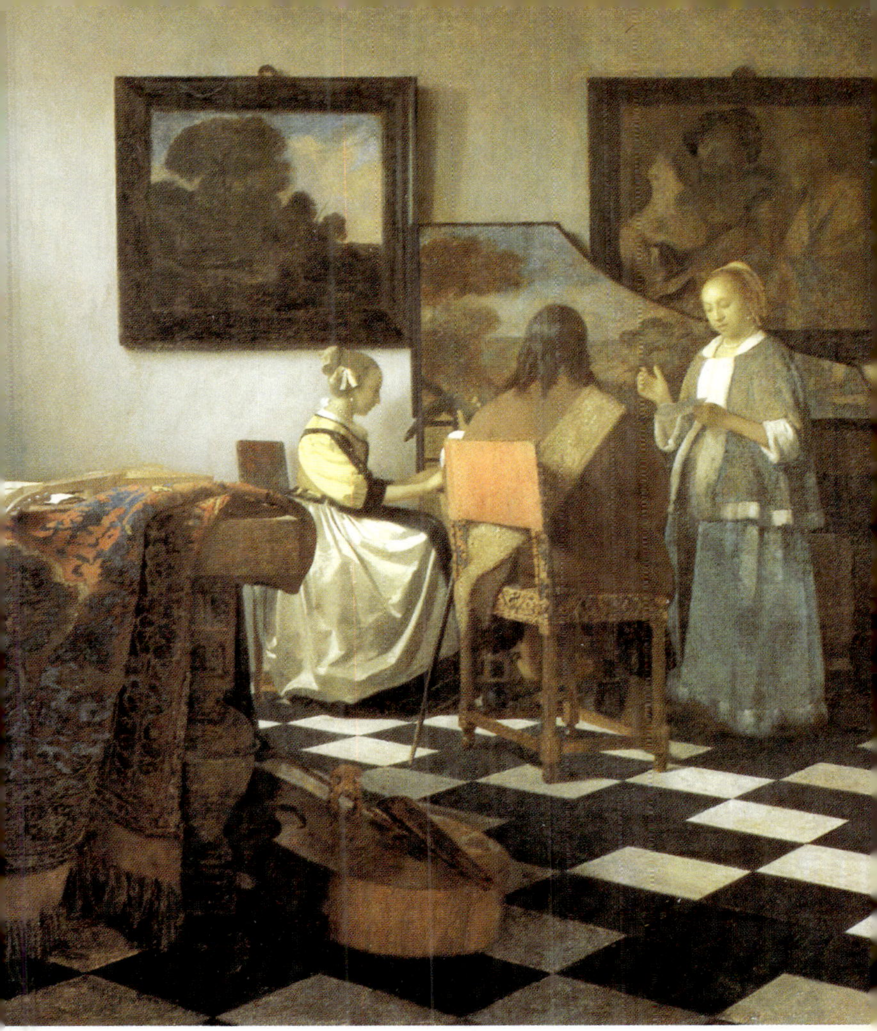

Bramer (Leonaert).
Voir Apprentissage

Bruggen (Hendrick Ter). Voir Caravagisme

Cabinets d'amateurs

Préfiguré par le trésor médiéval, le cabinet d'amateur – ou cabinet de curiosités – apparaît au XVIe siècle. On désigne ainsi une collection réunie dans un cabinet où se côtoient peintures, sculptures, orfèvreries, instruments scientifiques et spécimens d'histoire naturelle. Lieu d'étude et de contemplation, le cabinet d'amateur témoigne du désir d'appréhender la totalité des connaissances. De nombreux peintres anversois se spécialisent au XVIIe siècle dans les scènes de cabinet visité par des amateurs. L'essentiel de la collection représentée est constitué de tableaux qui tapissent littéralement les murs des salles, aux allures parfois palatiales. Chez le Hollandais Vermeer, ce goût pour l'étude et pour la peinture se retrouve dans *Le Géographe* (Francfort, ill. p. 17), *L'Astronome**, *Le Concert à trois* et *Une dame debout au viriginal* (Londres, ill. p. 52), en un écho intimiste dénué d'emphase. Il se plaît d'ailleurs à reproduire sur les murs les tableaux de sa propre famille (voir Citations). OZ

Le Concert à trois, v. 1664. H/t 72,5 × 64,7. Boston, Isabella Stewart Gardner Museum.

CALVINISME, ORTHODOXIE ET DISSIDENCES
Liberté humaine et salut

Le calvinisme est la foi officielle de la république des Pays-Bas*, sans être pour autant une religion d'État et la seule croyance autorisée. Calvin (1509-1564) s'était opposé à Luther (1483-1546), notamment sur la question du salut de l'homme. Si pour Luther, revenant aux idées de saint Augustin, l'homme ne peut trouver son salut par lui-même et ne peut racheter ses fautes, la foi, don gratuit de Dieu et effet de sa grâce, peut le sauver. Calvin (voir Iconoclasme), plaçant plus haut la toute-puissance de Dieu, refuse à l'homme toute action sur son salut ou sa damnation, qui sont prédestinés. C'est aux Pays-Bas que ce point de doctrine entraînera les divisions les plus importantes.

Jacobus Arminius (1560-1609) combat, à partir de 1603, l'idée de prédestination : le Christ intercède auprès de Dieu pour sauver les hommes qui peuvent aussi collaborer à leur salut. Ce calvinisme tempéré rencontre un certain succès auprès d'une minorité, dont les régents et le Grand pensionnaire de Hollande, Oldenbarnevelt. Rapidement, deux partis s'affrontent : arminiens, appelés aussi remontrants, et calvinistes orthodoxes, nommés gomariens, du nom de François Gomar (1563-1641), théologien prédestinarien.

Quand Oldenbarnevelt signe la trêve de 1609, la belliciste Maison d'Orange* rejoint le parti gomarien, déçu, lui aussi, de ne pas continuer la guerre contre l'Espagne catholique. Lorsqu'en 1617, Oldenbarnevelt semble favoriser le séparatisme de la province de Hollande, la contre-attaque gomarienne se déclenche : les chefs arminiens sont arrêtés, le synode de Dordrecht condamne leurs thèses et, victoire suprême pour les orangistes, Oldenbarnevelt est exécuté en 1619. À Delft, de nombreux patriciens, soupçonnés à tort ou à raison d'appartenir aux remontrants, se voient privés de leurs offices municipaux. Le père du mécène de Vermeer, Pieter van Ruijven, est l'un de ceux-ci. OZ

CARAVAGISME EUROPÉEN
Utrecht autour de 1620

Le succès du caravagisme à Utrecht ne peut s'expliquer hors du contexte propre à la cité. Dès le XVIe siècle, les représentants du maniérisme y créent un climat favorable au développement de la peinture d'histoire* ; certains d'entre eux, tels Abraham Bloemaert* ou Joachim Wtevael, continuent à peindre dans la première moitié du XVIIe siècle.

L'implantation durable du caravagisme à Utrecht est due à trois artistes : Ter Brugghen, Van Honthorst et Van Baburen*, qui ont en commun un long séjour à Rome (voir Italie) à un moment où la plupart des artistes subissent l'ascendant du Caravage (voir Europe). Le premier revient à Utrecht en 1614, les deux autres vers 1620 ; ils y constituent alors une véritable école, au sens où la forte cohérence stylistique et iconographique de leur production oriente de manière décisive la pratique de la peinture dans cette ville. Leurs sujets sont empruntés à la mythologie ou à l'histoire biblique, mais ce sont le plus souvent des scènes de genre*, traitées dans le format et avec les ambitions propres à la peinture d'histoire. Aux apports de la peinture italienne – organisation narrative, distribution des figures dans l'espace –, se mêlent les acquis de la tradition nordique – description réaliste des visages, goût pour les éclairages diurnes, froids, ou pour les scènes nocturnes, éclairées à la chandelle. L'usage d'ombres profondes et de forts contrastes dans le clair-obscur met en valeur ce qui est essentiel au sujet et à sa com-

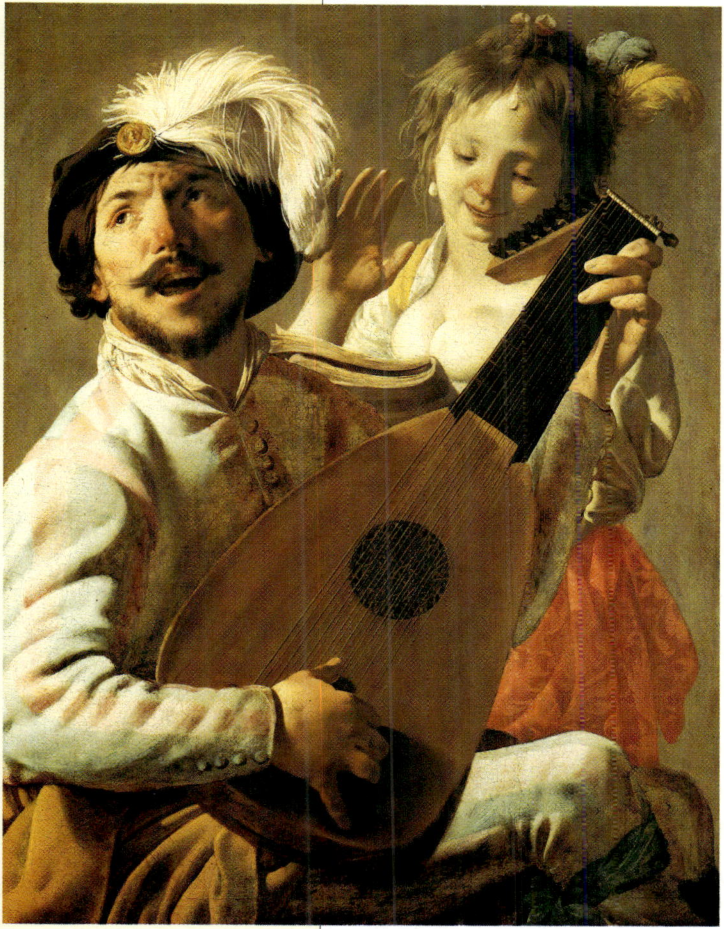

préhension. La mise en scène des personnages ainsi que leurs costumes évoquent les liens de la peinture avec le théâtre, la pantomime et la satire moralisante. *L'Entremetteuse* peinte par Vermeer (ill. p. 43) s'inspire d'un tableau de Van Baburen sur le même sujet (ill. p. 40), qui faisait alors partie de la collection de Maria Thins (voir Bolnes). L'artiste a entièrement repensé son modèle : les mimiques sont moins insistantes, les gestes des mains plus calmes, les couleurs très différentes de celles de l'école d'Utrecht. CaG

Cartographie et fierté nationale

À la suite des travaux du Flamand Gerhardus Piscator (1519-1594), la cartographie et la diffusion des atlas connaissent un grand essor. Amsterdam est, en Europe, l'un des plus grands centres d'édition de cartes gravées avec Jodocus Hondius et la famille Blaeu. Aux Pays-Bas, la passion pour les cartes touche les classes moyennes qui ornent leurs intérieurs* de cartes murales de leur pays, de l'Europe et des Indes. Répondant à un vif désir

Hendrick Ter Brugghen, *Le Duo*, 1628. H/t 106 × 82. Paris, Louvre.

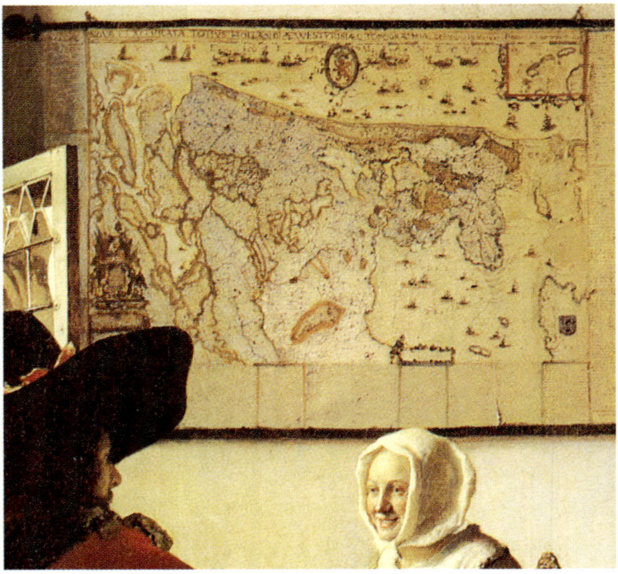

Le Soldat et la jeune fille souriant (détail), v. 1658. New York, The Frick Collection.

de connaissances historiques, la cartographie satisfait aussi le patriotisme hollandais en affirmant et pérennisant par le trait l'existence géographique et politique de la jeune nation, ainsi que l'étendue de sa zone d'influence commerciale et maritime.
Fierté patriotique qu'évoque peut-être l'avantageux militaire en contre-jour dans *Le Soldat et la jeune fille souriant* (New York, Frick Collection). La carte représentée est d'ailleurs celle de la Frise et de la Hollande, du Vieux Refuge donc, noyau des Provinces-Unies qui a su s'imposer face à l'Espagne.
Réalisée en 1620 par Balthasar Floris van Berckenrode, puis rééditée plusieurs fois entre 1621 et 1629 par Willem Jansz Blaeu (1571-1638), cette carte est colorée à l'aquarelle, le bleu représentant la terre et le brun la mer ; l'ouest est situé en haut. Vermeer a reproduit à cinq reprises des cartes dans ses œuvres, reflétant certes les habitudes d'ameublement de ses concitoyens, mais mettant aussi en parallèle la cartographie et la peinture hollandaise dans leur commune finalité descriptive. OZ

Catholicisme.

Voir Tolérance

Chambre noire

La chambre noire est l'application concrète du principe selon lequel des faisceaux de lumière convergents projettent, soit directement, soit par réflexion, l'image de la source d'où ils

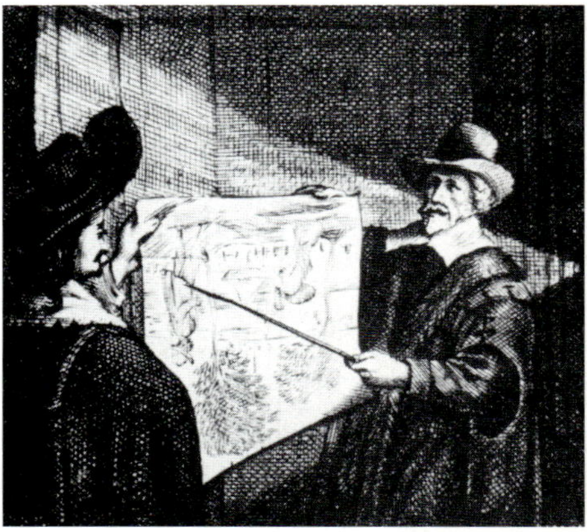

Chambre noire, gravure *in* John Van Beverwyck, *Schat der Ongesontheyt*, Amsterdam, 1664. La Haye, Bibliothèque Royale.

arrivent. Il s'agit le plus souvent d'une pièce obscurcie où ne subsiste qu'un seul point de lumière. L'image créée est alors mise au point, parfois au moyen d'une lentille convexe, sur une surface placée en face de la source de lumière. Cependant, la technique la plus utilisée par les peintres est une version mobile du même procédé, une petite boîte qui ressemble aux premiers appareils photographiques et que l'on peut déplacer au gré de son travail. La chambre noire propose de nouveaux moyens d'expression aux peintres en révélant des effets optiques invisibles à l'œil nu, comme, par exemple, le halo des reflets produits par une forte lumière sur une surface brillante.

L'usage que Vermeer aurait fait de la chambre noire est un sujet complexe et controversé. Son inventaire* après décès n'en mentionne pas. Cependant, les « gouttelettes » de peinture présentes dans certaines parties de ses œuvres (*La Dentellière**, *Vue* de Delft*) reproduiraient les cercles de confusion créés par la réflexion de la lumière tels qu'on peut les observer dans les chambres noires. Ce procédé n'a rien d'extraordinaire à l'époque. La plupart des peintres le connaissent et s'en servent comme une aide à la composition. Mais il est surtout utile pour les jeunes peintres et reste, pour les peintres avertis, une simple étape dont le caractère mécanique ne peut satisfaire les représentants d'un art considéré comme activité libérale. Ainsi, si Vermeer a pu se servir d'une chambre noire, il ne s'est pas contenté d'en reproduire aveuglément les résultats mais en a, bien au contraire, travaillé les « effets » (Arasse). GC

Chiens

Animal domestique, élément presque indispensable à la peinture des scènes d'intérieur*, le chien est très largement représenté dans la peinture hollandaise. On le trouve dans les scènes de tavernes (voir Bordels), comme témoin de conversations* galantes ou comme compagnon des innombrables liseuses. S'il est le garant d'une fidélité conjugale que les lettres* ou le vin* peuvent faire chanceler, il est aussi le moyen discret d'allusions grivoises. Il peuple à satiété les toiles de Pieter de Hooch* et de Gérard Ter Borch*. Vermeer, lui, n'en a peint aucun : ni dans ses scènes d'intérieur,

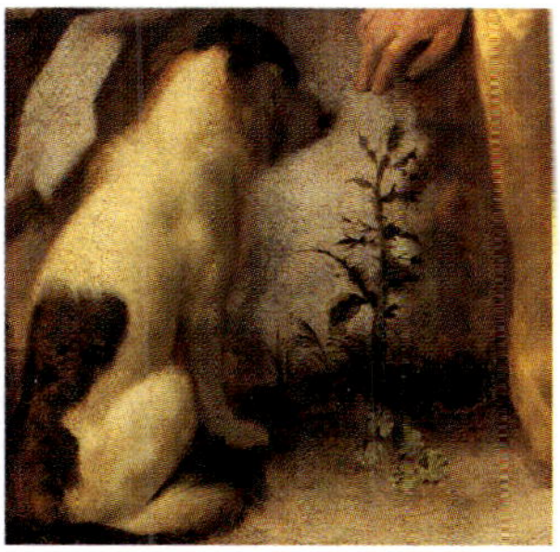

Diane et ses compagnes (détail), v. 1655-1656. La Haye, Mauritshuis.

ni dans ses rares scènes d'extérieur, pourtant propices à ce genre de représentation. Le seul chien – et seul animal – de son œuvre se trouve dans l'une de ses premières toiles, *Diane et ses compagnes* (La Haye, vers 1655-1656). Vermeer, en excluant de sa peinture ce détail conventionnel – comme celui des enfants, qui reste presque totalement absent de son iconographie*, hormis les deux silhouettes jouant dans *La Ruelle** –, occupe une position unique dans la peinture de cette époque et montre combien le « réalisme » de la peinture de la vie moderne* est avant tout affaire de choix. GC

■ CHRIST CHEZ MARTHE ET MARIE

Le Christ chez Marthe et Marie

V. 1655.
H/t 160 × 142
Édimbourg, National Gallery of Scotland.

Premier tableau répertorié de l'œuvre de Vermeer – avec *Diane et ses compagnes* (La Haye) –, *Le Christ chez Marthe et Marie* (vers 1655) se détache radicalement des peintures de la période de maturité, des scènes d'intérieur*. Ce tableau est un des rares exemples – avec *L'Allégorie de la Foi** (New York) et *Sainte Praxède* (Princeton, The Barbara Piasecka Johnson Collection Foundation), dont l'authenticité reste contestée – de peinture religieuse de la main de Vermeer.

Son sujet, tiré de l'Évangile selon saint Luc, raconte la visite de Jésus chez deux sœurs, Marthe et Marie. Alors que Marthe s'affaire, elle fait remarquer au Christ la passivité de sa sœur, assise, écoutant les paroles de son visiteur. Le Christ lui répond qu'elle n'a pas à s'agiter autant, qu'une seule chose est nécessaire, que sa sœur Marie « a choisi la meilleure part » et qu'« elle ne lui sera pas enlevée » (Saint Luc, 10 : 38-42).

Vermeer suit parfaitement le récit biblique. Marie est assise au premier plan, sur un petit tabouret où est apposée la signature du peintre. Elle prend une pose classique de méditation, le coude sur la cuisse et le bras soutenant la joue. Cette attitude tend à refermer plastiquement la figure sur elle-même et à souligner ainsi l'état de concentration de Marie, attentive aux paroles du Christ. Jésus, le visage tourné vers Marthe, désigne Marie par un geste opposé à son regard – technique habile et courante dans la peinture d'histoire* pour représenter une parole et dynamiser la narration. Le

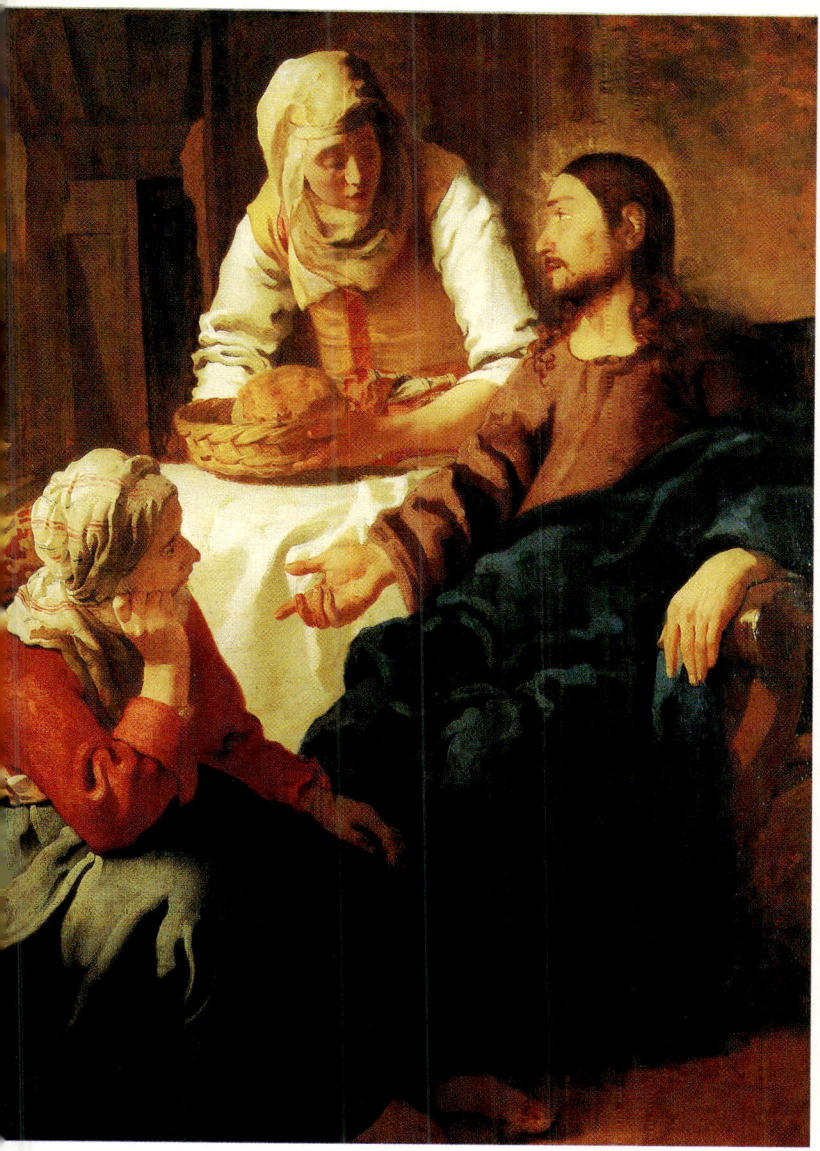

Christ adopte une gestuelle assez courante que l'on retrouve dans de nombreuses peintures italiennes du XVIe siècle mais que Vermeer a pu également voir dans un tableau illustrant le même sujet, peint pour l'hôtel de ville d'Amsterdam par le Flamand Quellinus (Blankert).

Ces poses classiques trahissent le caractère d'« exercice » de cette toile. Les touches sont larges et vigoureuses, très éloignées du style « fin » (voir Dou) de la période de maturité de Vermeer et proches de l'école caravagesque* d'Utrecht. L'espace dans lequel se déroule cette scène est construit de façon très schématique et l'effet de profondeur n'est réalisé que grâce aux volumes des personnages et à la couleur*. Sur le coin gauche de la table pend un tapis qui annonce les compositions futures de Vermeer. GC

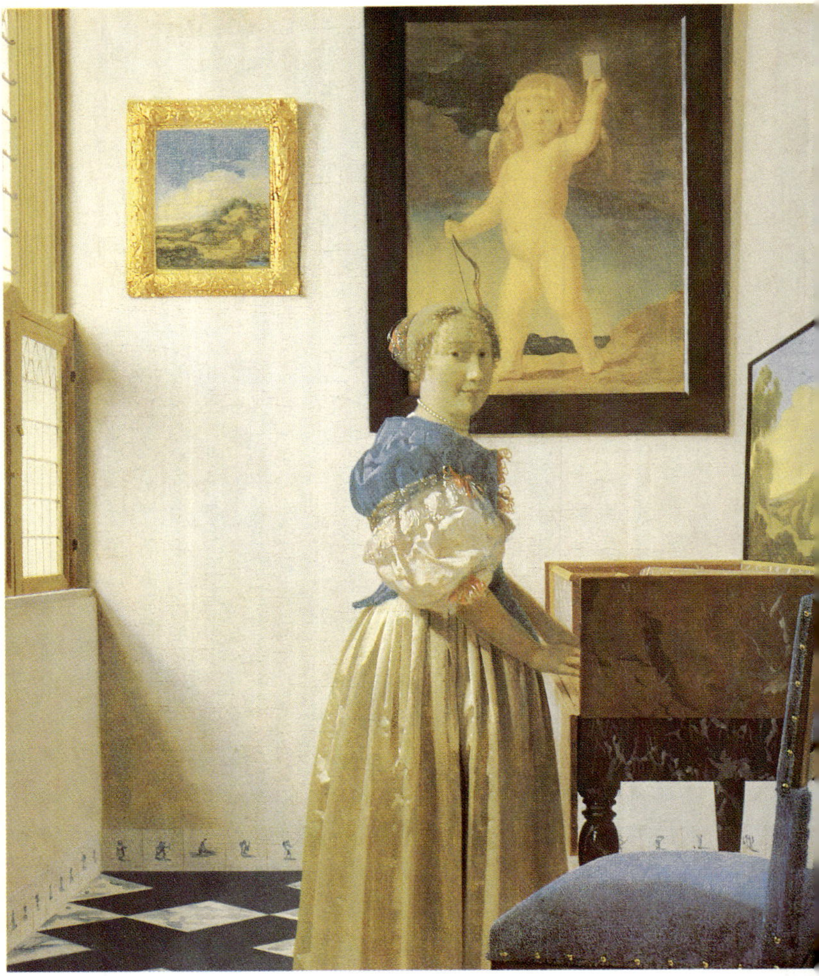

Une dame debout au virginal, v. 1672-1673. H/t 51,8 × 45,2. Londres, National Gallery.

Citations

Les peintres hollandais du XVIIe siècle placent presque toujours un tableau sur l'un des murs de la pièce lorsqu'ils représentent un intérieur* domestique. Les peintures, exclues des églises par la réforme protestante, se trouvent en très grand nombre dans les maisons des particuliers (voir Cabinets d'amateur) et constituent un symbole de cet espace de la vie privée.

Les tableaux ainsi représentés par Vermeer reflètent assez bien le goût de l'époque mais sont, par leurs thèmes, très éloignés de ses propres œuvres. On relève de nombreux paysages, des sujets religieux (*Moïse sauvé des eaux*, répété deux fois), un Cupidon, un tableau d'histoire* (*La Charité romaine*), un portrait et une nature* morte. Ces toiles appartenaient sûrement à Vermeer ou à sa famille et devaient composer le décor de son quotidien.

On sait par exemple que sa belle-mère possèdait *L'Entremetteuse* (ill. p. 40) du caravagiste* d'Utrecht Van Baburen* – représentée dans *Le Concert à trois* de Boston et *Une dame assise au virginal* de Londres (ill. pp. 45 et 40) – et *Le Christ en croix* d'Anvers de Jacob Jor-

COMMERCE DE TABLEAUX
Une affaire familiale

Le 13 octobre 1631, Reynier, le père de Jan Vermeer, s'inscrit pour 6 florins à la guilde* de Saint-Luc de Delft* comme *constvercoper*, c'est-à-dire marchand de gravures et de tableaux. L'inscription à la guilde locale est indispensable pour exercer ce commerce en dehors des foires réglementées. Il est probable que Reynier ait accroché les tableaux qu'il avait à vendre dans son auberge. Il entretient des rapports avec les peintres Evert van Aelst, Pieter van Steenwijck, Balthasar van der Ast, Pieter Groenewegen, Cornelis Saftleven et Egbert van der Poel. Les tableaux de ces peintres font sans doute partie de son stock. Il est remarquable que tous ces peintres pratiquent soit la nature* morte – Van Aelst, Van der Ast, Steenwijck –, soit le paysage – Groenewegen –, soit la représentation de milieux populaires – Saftleven et Van der Poel –, des genres considérés comme inférieurs dans la hiérarchie préconisée par les théoriciens de la peinture, mais qui sont néanmoins très en vogue parmi les collectionneurs au milieu du siècle.
Vers la fin de la vie de Johannes, il semblerait, selon les dires de sa femme, qu'il se soit, comme son père, livré au commerce des tableaux. Mais il s'agissait d'une période de crise – la guerre* avec la France –, pendant laquelle il n'arrivait pas à vendre ses propres tableaux ; il est douteux que ce commerce ait atteint quelque envergure (voir Marché).
Quand, en 1663, Balthasar de Monconys rend visite à Vermeer, après avoir vu Dou*, Van Mieris* et De Lorme, il rapporte dans son journal de voyage que l'artiste « n'avoit point de ses ouvrages ». Cependant, six ans plus tard, en mai 1669, selon le journal du jeune Pieter Teding van Berckhout, Vermeer lui montra « quelques curiosités de sa main ». En juin, Van Berckhout alla de nouveau voir « le célèbre peijntre nommé Vermeer, qui me monstra quelques eschantillons de son art dont la partie la plus extraordinaire et la plus curieuse consiste dans la perspective » (en français dans le manuscrit). Il est probable qu'il s'agisse ici d'une visite à l'atelier de Vermeer. Il est également possible que cet atelier se soit trouvé dans la maison de Maria Thins sur le Oude Langendijk. On ne peut pas non plus exclure l'idée que Vermeer ait retenu une pièce de l'auberge Mechelen comme atelier jusqu'à la vente de celle-ci, en 1671. OZ

daens, repris dans *L'Allégorie de la Foi**. Ces tableaux dans le tableau ne sont pas de simples anecdotes et permettent d'énoncer la morale générale de la scène. La signification symbolique de ces toiles reste cependant le plus souvent indécise chez Vermeer. Ces peintures reproduites ont également un rôle purement plastique et servent à ordonner la composition. Le *Moïse sauvé des eaux* voit ainsi son format complètement changer entre *L'Astronome** et *La Jeune Femme écrivant une lettre et sa servante* (Dublin, ill. p. 24) par souci d'équilibre de l'œuvre. GC

Compagnie des Indes.
Voir Pays-Bas

Conversations galantes
Après l'évolution de la scène de genre* autour* des années 1650, quittant les bordels* et les gestes excessivement éloquents, les personnages se raréfient et les connotations érotiques deviennent plus discrètes tout en restant le sujet central des conversations galantes. Les rapports amoureux se manifestent dès lors sous la forme d'un dialogue entre hommes et femmes, mené dans l'intimité de leurs demeures. Cette évolu-

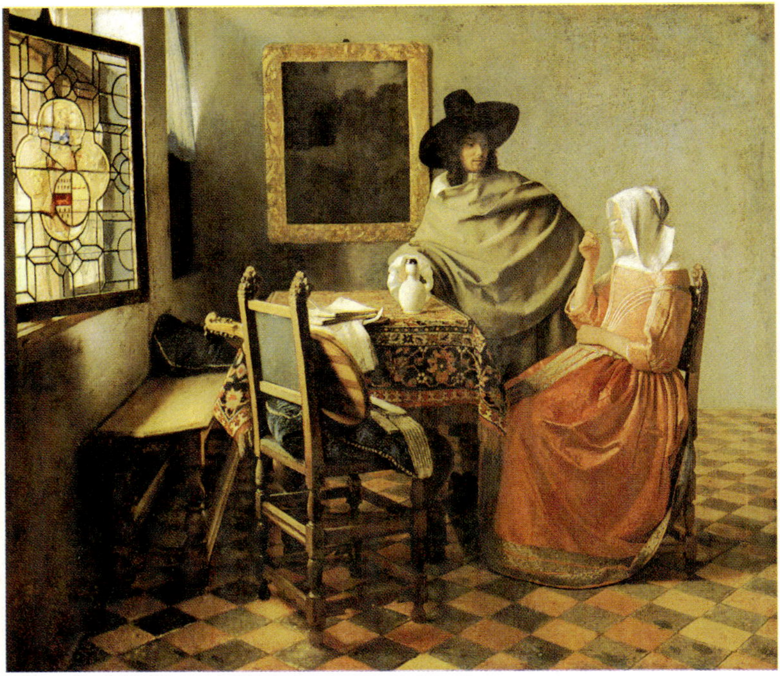

La Dame buvant avec un gentilhomme, v. 1660-1661. H/t 65 × 77. Berlin, Gemäldegalerie.

tion est suivie par Vermeer. Il passe d'une scène érotique où l'homme entoure de son bras la femme avec insistance (*L'Entremetteuse*, Dresde, ill. p. 43) à une scène où la distance s'est établie et où règne un simple « sentiment » érotique (*Le Soldat et la jeune fille souriant*, New York, ill. p. 10 ; *La Dame buvant avec un gentilhomme*, Berlin). Le sujet de ces entretiens est suggéré par les gestes et les regards des protagonistes, mais aussi par certains détails qui révèlent leur aspect plus intime : le verre de vin* que l'homme offre à la femme (*La Jeune Fille au verre de vin*, Brunswick, ill. p. 112), la musique* ou les tableaux dans le tableau (voir Citations) – particulièrement les marines (voir Spécialisation) qui symbolisent l'amoureux perdu sur les mers cherchant un port où se reposer. Les lettres*, qui occupent énormément les femmes de Vermeer, sont un autre instrument de ces conversations galantes, bien qu'instituant une certaine distance. GC

Copies et faux

Au XIXe siècle, le renouveau de la gloire* de Vermeer s'accompagne d'une production de toiles influencées par le style du maître. Mais cet engouement pousse également certains peintres, tel Van Meegeren, à faire de « véritables faux ». Les faux de cet artiste hollandais en mal de reconnaissance sont découverts à la fin de la Seconde Guerre mondiale lorsqu'on trouve la trace d'un tableau signé Vermeer vendu à Goering par Van Meegeren. Jugé pour collaboration, il révèle qu'il a ainsi introduit sur le marché de l'art, pendant dix ans, quelques faux qui se trouvent alors dans les plus grands musées. Ce faussaire exemplaire procède de façon quasi-scientifique. Il travaille sur des toiles de petits maîtres du XVIIe siècle, qu'il gratte avant de repeindre, et achète des blaireaux à barbe pour faire ses pinceaux afin de déjouer les analyses techniques. La critique vermeerienne restera durablement influencée par cette affaire : dans un premier temps, elle reconnaît à ces œuvres une place dans la carrière de Vermeer – la plupart des faux représentent des scènes bibliques et sont considérés comme des exemples de la période d'apprentissage*; après la découverte de la supercherie, elle réduira le corpus de Vermeer à un petit nombre d'œuvres (voir Perdus) par une crainte excessive des copies. Certains spécialistes, piqués dans leur amour propre, refuseront même de voir dans ces faux les productions de Van Meegeren et l'accuseront de s'attribuer une œuvre authentique. GC

COULEUR

Vermeer « fait clair partout » (Thoré)

La couleur est, avec la lumière*, un élément essentiel de la peinture de Vermeer : elle entre en jeu dans la définition de la forme comme dans la construction de l'œuvre. C'est dans l'exactitude de la lumière, la précision de ses dosages, que se déploie l'harmonie du coloris.

La couleur, c'est d'abord une palette. Une large partie du prisme chromatique est présente dans les tableaux de Vermeer, avec une dominante de bleus et de jaunes ; le rouge est employé pour son éclat et sa chaleur ; les tons neutres, utilisés pour les fonds, rehaussent le jeu et la vibration de la couleur. Le pigment préféré du peintre est le bleu outremer, à base de lapislazuli, qui contraste avec l'ocre ou le jaune. Ce bleu sert de base à toutes les ombres et, en mélange avec le brun, donne un équivalent du noir, pigment que le peintre proscrit de ses tableaux. De même, le vert est obtenu en mêlant du bleu à un jaune végétal ; la couleur a viré en vieillissant : les verts sont devenus bleutés par oxydation du jaune (*La Femme en bleu lisant une lettre*, ill. p. 80).

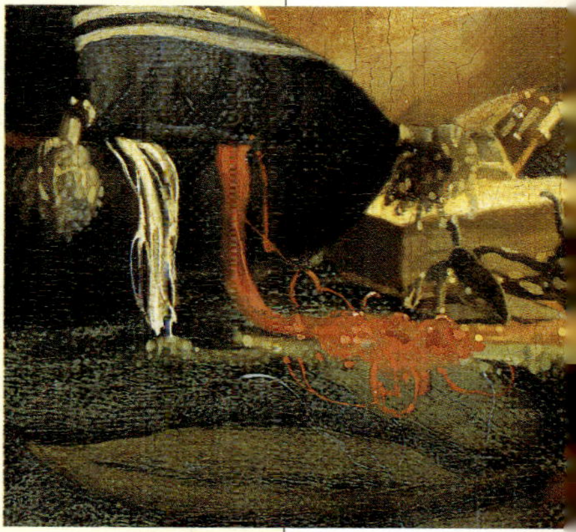

La Dentellière (détail), v. 1669-1670. Paris, Louvre.

La densité de la couleur est fonction de la quantité de lumière : les zones de contraste sont alors définies en larges aplats de couleurs intenses, avec des variations locales réduites, voire inexistantes. Le pointillisme relève aussi de la mise en œuvre de la couleur. Cette particularité technique est à rattacher à l'usage éventuel de la chambre* noire et aux phénomènes optiques qu'elle génère. Augmentant la brillance de la lumière, elle rend palpable la texture des objets. Des taches de pigment pur, petites gouttes de couleur, viennent se poser à la surface des choses, rendant perceptible le jeu de la lumière sur les matières*. CaG

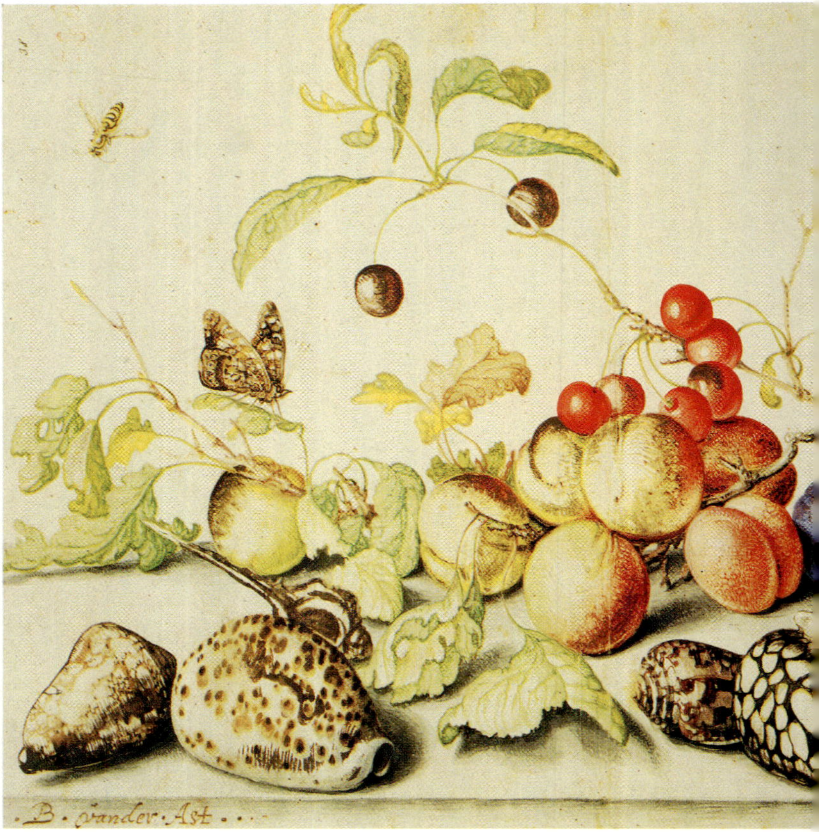

Delft, une ville et ses peintres

Dans un pays où les peintres voyagent facilement, il peut paraître hasardeux de définir le lien qui les attache à une ville. On peut cependant prendre comme point de repère l'inscription des artistes à la guilde* qui leur donne le droit d'exercer leur métier et d'en vendre les productions. Cette inscription est en outre la marque de leur appartenance à une communauté artistique.

Des peintres importants travaillent à Delft dès le début du XVIIe siècle : Michiel van Miereveltz, portraitiste à succès, Anthonie Palamedesz., peintre de genre élégant qui pratique aussi le portrait et la nature* morte. Corstiaen Couwenbergh et, dans certains de ses tableaux, Willem van Vliet s'inscrivent dans le courant caravagiste* issu de l'école d'Utrecht. Jacob Pynas représente des scènes bibliques, dans le sillon des prédécesseurs de Rembrandt* à Amsterdam. En 1628, Leonaert

« Ainsi périt ce phénix [Carel Fabritius], pour notre malheur. Il abandonna cette vie au sommet de la célébrité ; mais, par bonheur, de ses cendres naquit Vermeer, qui perpétue sa science en maître. »

A. Bon, cité dans D. van Bleyswycks, *Beschrijvingne der Stadt Delft*, 1667-1668.

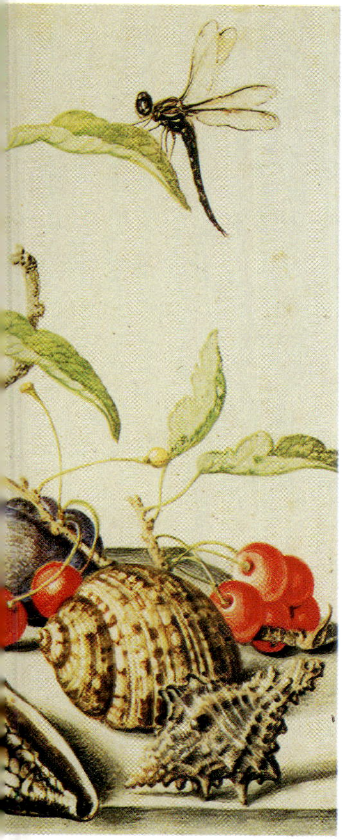

Balthazar Van der Ast, *Nature morte aux prunes, cerises et coquillages.* Aquarelle. Londres, British Museum.

Bramer* revient à Delft d'Italie* où il a passé plus de dix ans. Il s'illustre dans la peinture d'histoire* – scènes bibliques et mythologiques – et réalise des peintures murales, *a fresco*, surtout pour des commandes municipales.

Delft prend son essor dans les années 1630. Balthasar van der Ast, formé à Middelburg et à Utrecht, s'y fixe en 1632. Avec Jacob Vosmaer, c'est le plus éminent spécialiste de la peinture de fleurs et de fruits. Gérard Houckgeest, l'un des premiers à peindre des intérieurs d'églises, en 1635, est à l'origine d'un courant où s'illustreront Hendrick van Vliet et Emmanuel de Witte dont les tableaux manifestent à la fois une parfaite maîtrise de la perspective et un réel sens pictural de l'espace.

Parallèlement à ce mouvement s'affirme celui des peintres rustiques : Egbert van der Poel, dont le père avait épousé la belle-sœur de Reynier Vermeer*, a peut-être influencé De Hooch* à ses débuts. Carel Fabritius (voir Védutistes) donne à l'école de Delft une impulsion décisive entre 1651 et 1654 et a une influence notable sur tous les artistes, par son aptitude à conférer un caractère monumental aux œuvres de petit format et par son adaptation très libre du clair-obscur de Rembrandt* transposé dans une palette plus claire et lumineuse.

Le succès de la scène de genre* intimiste s'affirme à partir de 1655 environ. Ses représentants les plus insignes en sont Pieter de Hooch à Delft et Nicolas Maes à Dordrecht. Leurs œuvres laissent des traces certaines dans l'œuvre du jeune Vermeer. Un courant parallèle se dégage au cours des années 1650 : celui de la peinture « fine », que Gérard Dou* et Johannes Torrentius sont les premiers à pratiquer. On dit de ces peintres que leurs tableaux sont si finement peints qu'ils ne trahissent aucune trace de leurs pinceaux. Le principal élève de Dou, le précoce Frans van Mieris* influence Vermeer à ses débuts.

Si, autour* de 1650, Delft peut se vanter de posséder une communauté artistique prolixe et diversifiée, la ville entame un lent déclin après 1660 : ses principaux peintres la quittent en quête de perspectives plus alléchantes qu'offrent d'autres cités, comme par exemple Amsterdam et La Haye. CaG

DENTELLIÈRE

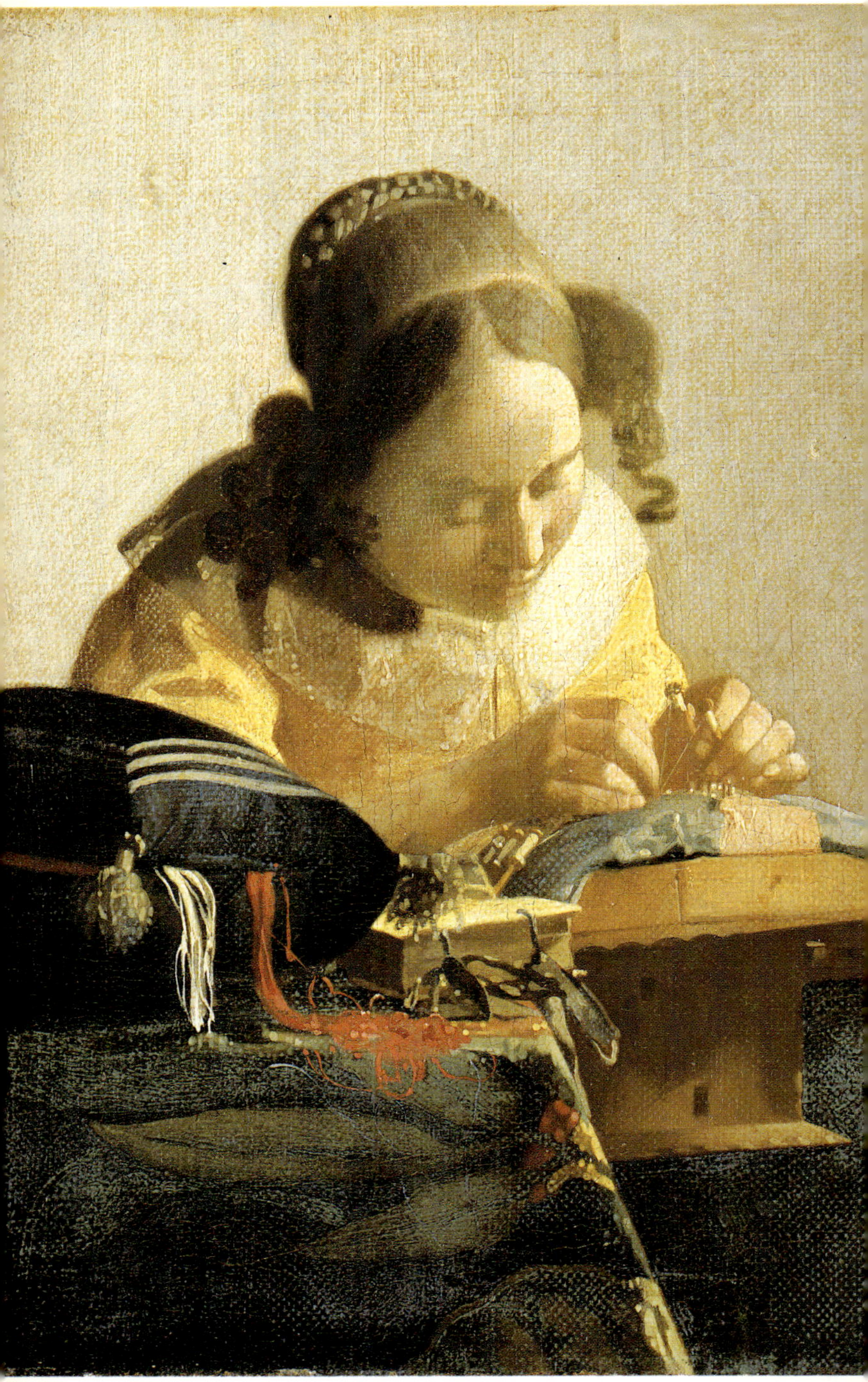

De tous les tableaux de Vermeer, *La Dentellière* est le plus petit. Ce format particulier instaure d'emblée un rapport d'intimité avec le spectateur, obligé de s'approcher pour le contempler. On voit s'affirmer avec évidence dans cette toile, assez tardive dans l'œuvre de l'artiste, le processus qui conduit Vermeer à réduire progressivement le nombre des personnages de ses tableaux – en excluant notamment l'élément masculin –, et à clore l'espace pour y installer une figure isolée. Le cadrage de la composition est resserré ; la position rabaissée du point de fuite, qui situe le spectateur en position de légère contre-plongée, confère à *La Dentellière* une certaine monumentalité. Bien que l'engagement émotionnel du spectateur soit ici particulièrement intense, ce dernier est comme maintenu à distance de l'œuvre : les objets placés au premier plan font obstacle à la pénétration de son regard ; le point de vue oblique, la position de la main droite de la jeune femme qui cache son ouvrage, ne lui permettent pas de voir ce qui fait l'objet de l'extrême concentration de celle-ci.

Fait exceptionnel, l'éclairage vient de la droite : le rendu de la lumière* sur les objets et les couleurs crée un voile imperceptible qui en gomme la compacité et la netteté ; le monde apparaît flou. La forme ne se définit plus par le dessin ou par la ligne, mais par la couleur*. De fait, la définition même de la forme semble peu importer : c'est l'incidence de la lumière sur les corps et la décomposition de la couleur qu'elle opère, qui intéressent avant tout l'artiste.

Le recours éventuel à la chambre* noire ou à d'autres instruments optiques permettrait en partie d'expliquer le flou du rendu et les différences de profondeur de champ. Les fils rouges et blancs, au premier plan, sont traités comme de simples taches, des traînées de couleurs. On note aussi la présence des petites gouttes de couleur qui transcrivent le jeu de la lumière sur les textures. Mais elles sont ici disposées très librement, en des endroits où elles n'auraient pu apparaître dans une chambre noire, tels le tapis ou le pompon du coussin : dans le dialogue qui s'instaure entre peinture et science optique, la seconde est au service de la première. CaG

La Dentellière

V. 1669-1670. H/t 23,9 × 20,5. Paris, Louvre.

Page de droite :
La Laitière
(détail),
1658-1660.
Amsterdam,
Rijksmuseum.

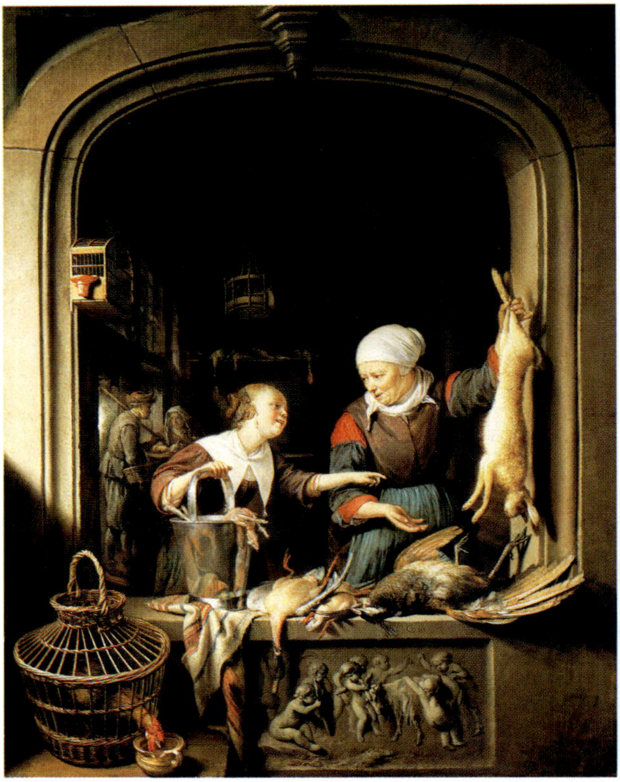

Gérard Dou,
Le Marchand de volailles,
v. 1650.
H/t 58 × 46.
Londres,
National Gallery.

Dou et les peintres « fins »

Gérard Dou (1613-1675) est le chef de file de l'école de Leyde – ville située entre Delft et Amsterdam – qui trouve sa particularité dans le traitement méticuleux de ses peintures. Les peintres « fins » (*fijnschilder*), que sont Dou et ses élèves, Mieris* ou Metsu*, se spécialisent dans des scènes de genre* dont les sujets sont assez semblables à ceux peints dans les autres foyers* artistiques des Pays-Bas* : des femmes occupées à des tâches quotidiennes, des joueurs de musique*... Cependant, sous l'impulsion de Dou, leur peinture se démarque des autres artistes et trouve sa renommée grâce à un traitement pictural particulièrement brillant qui devient finalement le sujet unique du tableau. Dès 1632, après le départ de Rembrandt* pour Amsterdam, Dou développe une peinture soignée jusque dans les moindres détails, qui réclame de la part du spectateur un regard proche et spécialement attentif. Un amateur de l'époque raconte qu'il voulut tenir une lampe près d'un tableau de Dou afin de compter les filets d'un rideau de lit.

La clientèle bourgeoise de Leyde apprécie ce genre de peinture et la paie fort cher (voir Marché), refusant presque tout sujet historique ou religieux. Les peintres « fins » ne travaillent que sur bois et, compte-tenu de la précision de leur travail, produisent très lentement. Ils peignent avec des pinceaux de soie très fins qui leur permettent de reproduire les plus infimes détails. Dou est sans doute le plus méticuleux de ces peintres. Craignant terriblement la poussière, il attend quelques minutes, une fois entré dans son atelier, qu'elle soit retombée, avant de se mettre au travail. Il développe, à partir des leçons de Rembrandt, la technique du clair-obscur qu'il emploie régulièrement pour ses portraits, ainsi que le motif de la niche qu'il utilise de façon presque systématique (*Le Docteur*, Vienne). GC

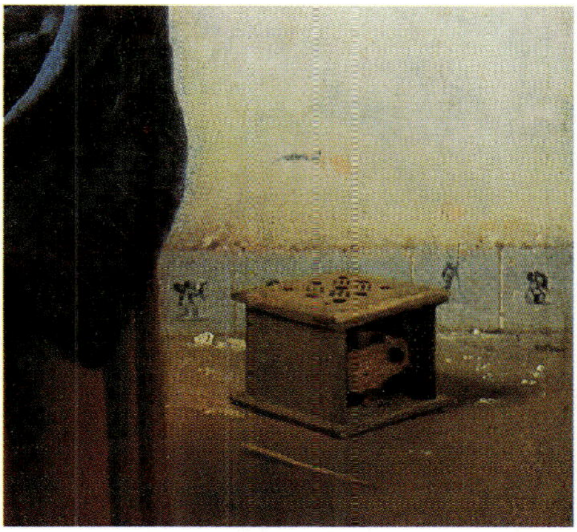

EUROPE DES PEINTRES
Baroque, classicisme et caravagisme

Parallèlement à l'épanouissement de la peinture hollandaise au XVIIe siècle, se développent d'importants mouvements artistiques dans les principaux pays d'Europe. L'Italie*, sous l'effet de la Contre-Réforme, voit naître un art de la célébration et du triomphal que l'on dira plus tard baroque. Ses représentants en peinture s'appellent Pierre de Cortone, Gaulli, etc. Sculpteur et architecte contemporain de Vermeer, le Bernin est la figure centrale de l'art italien de cette époque.

Les artistes flamands se sont particulièrement intéressés aux évolutions de la peinture italienne et aux avancées du baroque. Rubens (1577-1640) a développé, avec ses élèves anversois Jordaens ou Snyders, une peinture mouvementée et colorée qui trouvera quelques échos en Hollande, notamment chez le Rembrandt des années 1630.

En France, où se développe après 1660 un art marqué par les exemples de Poussin et des peintres Bolonais (A. Carrache, G. Reni, etc.), des artistes comme Le Sueur, Champaigne et Le Brun rompent avec le lyrisme coloré de Simon Vouet. Cependant, pour observer les traces les plus évidentes d'échanges entre la peinture hollandaise et celle des autres pays européens, il faut se tourner vers les héritiers du Caravage*et l'école d'Utrecht. GC

Fabritius (Carel).

Voir Védutistes

Faïenciers de Delft

Le premier faïencier, originaire d'Anvers, s'établit à Delft en 1581. Ses ouvrages, ainsi que ceux des autres maîtres qui viendront lui faire concurrence durant les trente années suivantes, sont surtout des plats et des carreaux vernis à décor polychrome à base d'étain. Vers 1625, le décor en « bleu de Delft » qui imite la porcelaine Wan-Li et Ming et dont l'importation de Chine est interrompue par des désordres internes à ce pays, fait sa première apparition. L'industrie, qui consiste en une vingtaine d'ateliers dans les années 1670, emploie jusqu'à 1 600 ouvriers, soit près de 5 à 6 % de la population de Delft à cette époque. Elle résiste au déclin marqué de l'économie de la ville qui se manifeste à partir des années 1660. Ses rapports avec la communauté artistique sont mal documentés. Aucun peintre de talent ne semble y avoir contribué. Frederick van Frijtom, l'artiste le plus important à avoir dessiné sur faïence, ne s'est jamais fait enregistrer à la guilde* de Saint-Luc.

Dans plusieurs de ses tableaux, Vermeer reproduit les carreaux

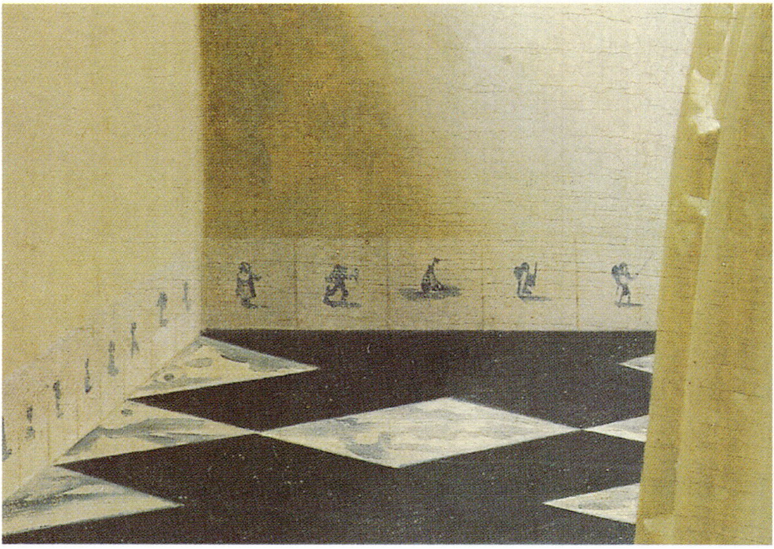

Une dame debout au virginal (détail), v. 1672-1673. Londres, National Gallery.

Page de droite : *La Jeune Fille au verre de vin* (détail), v. 1659-1660. Brunswick, Herzog Anton Ulrich-Museum.

à décor bleu de Delft, souvent sous la forme de frises au bas des murs de ses intérieurs (*La Laitière**). GC

Fenêtres

Les fenêtres sont plus que de simples détails – souvent répétées dans la peinture de Vermeer et, d'une façon générale, dans toute la peinture hollandaise d'intérieur. Elles sont banales, à l'image de celles qui ornent les maisons de l'époque, mais essentielles pour la composition des peintures de l'artiste. Elles sont parfois cachées par des rideaux ou placées hors-champ (*La Liseuse à la fenêtre*, Dresde, ill. p. 75). Les vitrages peuvent porter des décorations comme le blason de *La Dame buvant avec un gentilhomme* (Berlin, ill. p. 54) et de *La Jeune Fille au verre de vin* (Brunswick), orné de l'emblème de la Tempérance.

Le traitement des fenêtres constitue l'une des particularités des scènes d'intérieur* de Vermeer. Ter Borch* en peint rarement, De Hooch* laisse souvent le paysage apparaître au travers des vitres. Les fenêtres de Vermeer, elles, ne montrent que la lumière* et ne dévoilent aucun détail de la vie au dehors. Elles lui permettent, par une source d'éclairage unique, de produire des effets de lumière sur les tapis, les murs et les cartes*, et de développer, dès ses premières scènes de genre*, une palette plus lumineuse.

Les fenêtres marquent également la limite entre le monde intérieur et le monde extérieur. Ce sont vers elles que se dirige le regard des personnages : celui du *Géographe* (Francfort, ill. p. 17) comme celui, pour des raisons différentes, de *La Femme au luth* (New York, ill. p. 20). La fenêtre, comme les lettres*, établit une relation amoureuse à distance. Elle cache l'être absent vers lequel la pensée de ces femmes se dirige (*La Jeune Femme écrivant une lettre et sa servante*, Dublin, ill. pp. 24-25). GC

Flandres espagnoles.

Voir Pays-Bas

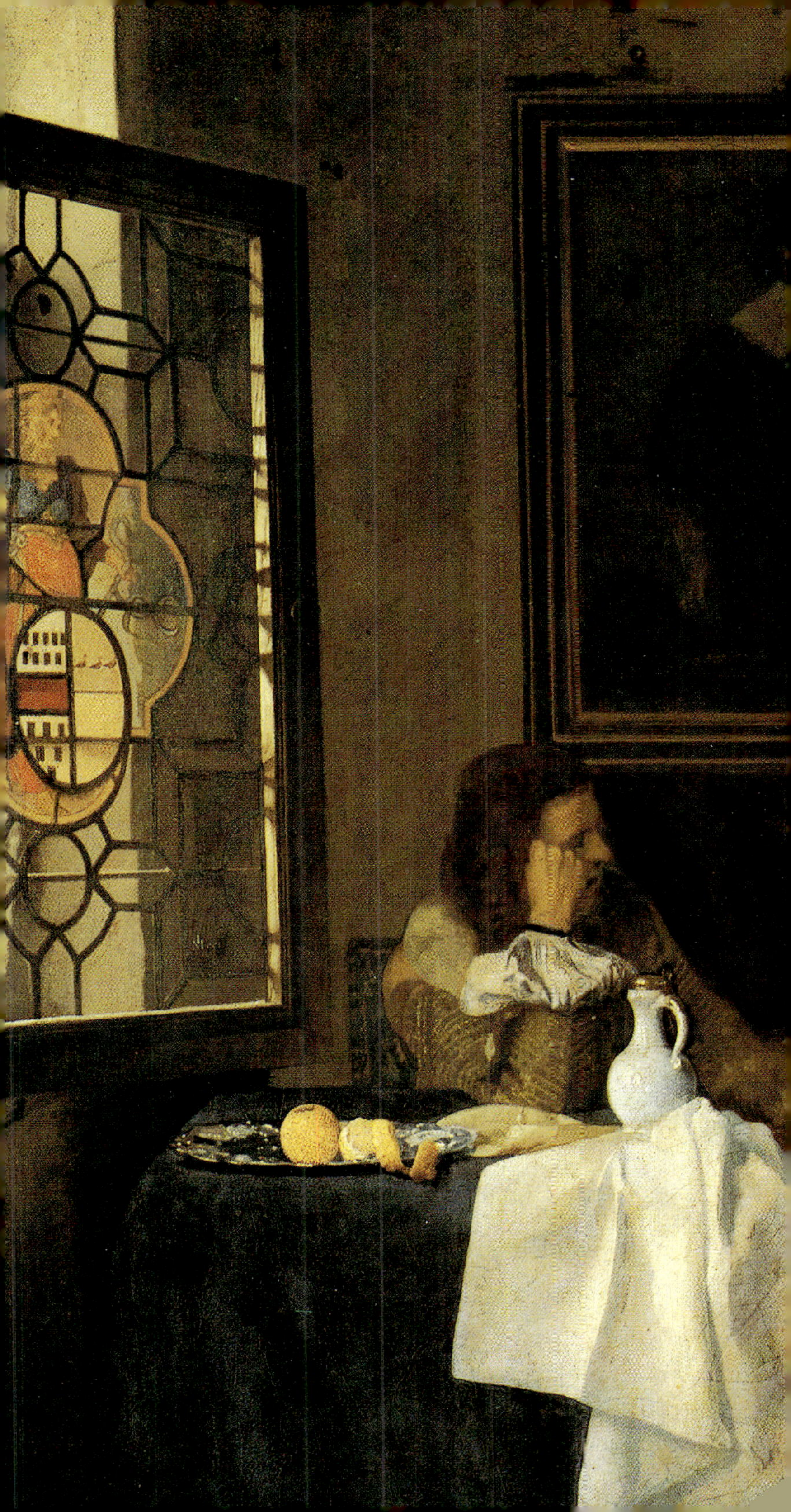

FOI

Les sujets religieux sont rares dans l'œuvre de Vermeer et datent, pour l'essentiel, de ses années de jeunesse. Il est fort probable que *Le Christ* chez Marthe et Marie* et la *Sainte Praxède* (Princeton, The Barbara Piasecka Johnson Collection Foundation) aient été destinés à des catholiques : la seconde, qui évoque le sacrement de pénitence, fut sans doute peinte pour les Jésuites. Le tableau a vraisemblablement été commandé pour la maison d'un catholique : son format ne permet pas d'imaginer une destination autre que privée. De fait, les catholiques, qui bénéficiaient d'une certaine tolérance*, ne pouvaient exercer librement leur culte. Il était rendu dans des « églises cachées », simples pièces de bâtiments laïcs dévolues aux réunions des fidèles de l'ancienne foi. Il semble que la peinture soit la représentation d'une de ces églises improvisées : une salle carrelée de blanc et noir, sobrement meublée et éclairée par une fenêtre à petits carreaux qui se reflète dans la boule de verre. Le tableau accroché dans le fond (un *Christ en croix* de Jordaens, qui appartenait à Maria Thins) et les objets liturgiques placés sur un autel dressé pour la circonstance, viennent évoquer la destination du lieu. Vermeer emprunte la plupart des composantes de son *Allégorie*, sa dernière œuvre connue, à l'*Iconologia* de Cesare Ripa, qu'il connaît probablement grâce à la traduction en néerlandais qu'en a faite D.P. Pers en 1644. Cependant, le peintre interprète les textes de Ripa avec une grande licence artistique. La figure féminine, vêtue d'un costume contemporain, personnifie le triom-

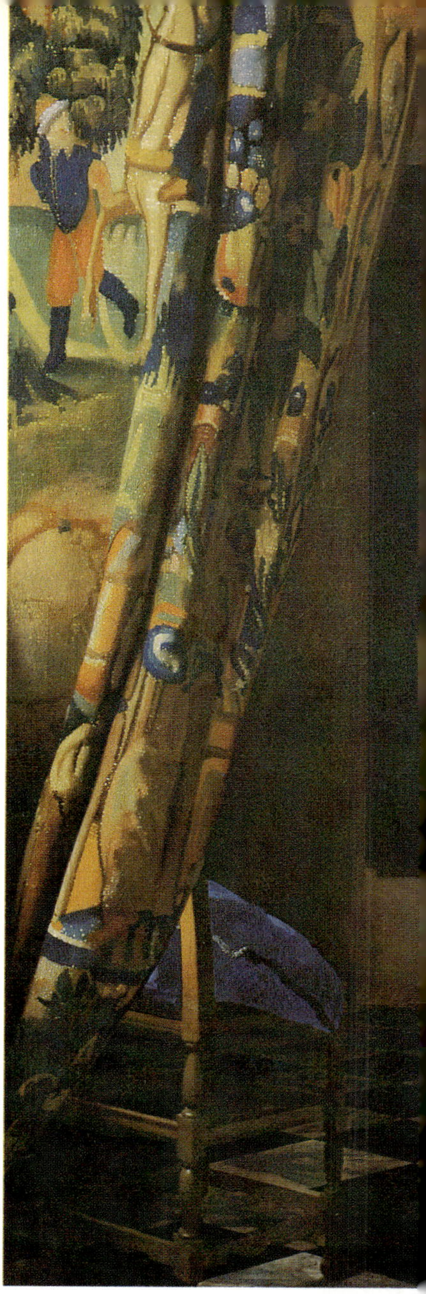

phe de la Foi sur l'hérésie, dont le serpent écrasé est le symbole ; son pied droit posé sur un globe terrestre, annonce l'universalité du dogme catholique. L'image est courante dans le monde de la Contre-Réforme. C'est en ce sens que l'on a pu considérer *L'Allégorie de la Foi* comme une œuvre militante. L'introduction d'élé-

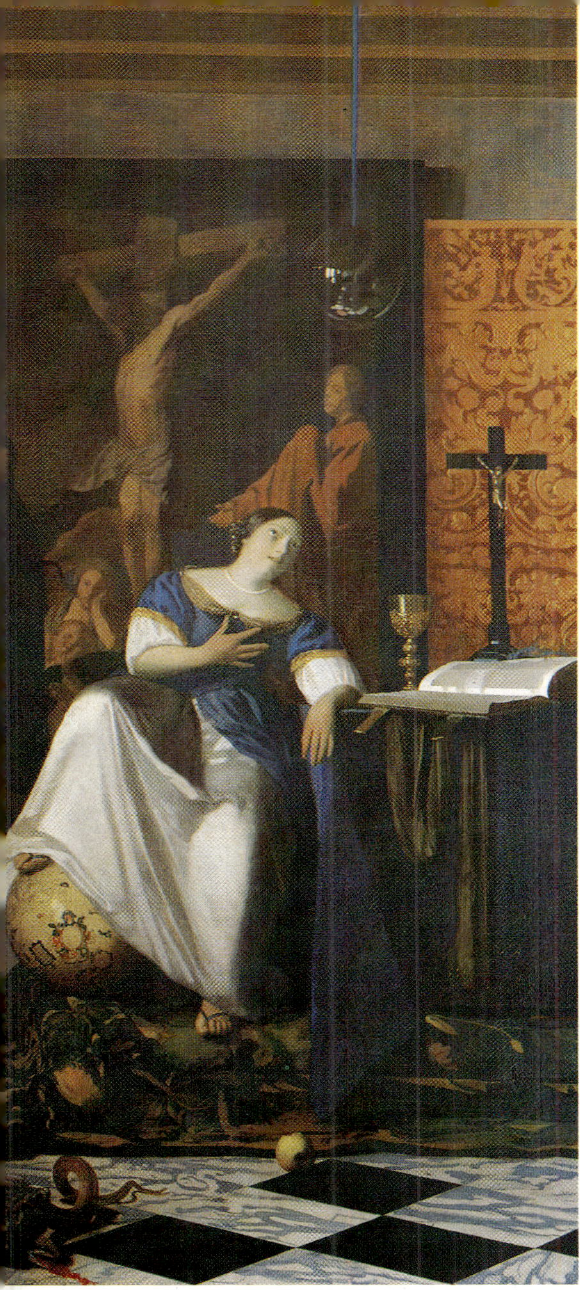

L'Allégorie de la Foi

v. 1671-1674.
H/t 114,3 x 88,9.
New York,
The Metropolitan
Museum of Art.

ments de caractère allégorique – la figure féminine de la Foi, le globe, la pierre angulaire et le serpent, la boule de verre suspendue – dans un intérieur hollandais réel peut surprendre : elle contredit le dogme classique de cohérence de la représentation. Ce mélange de traitements, réaliste et allégorique, témoigne de l'ambition de l'artiste de participer à l'histoire de la peinture contemporaine, en élaborant par son œuvre une réflexion théorique originale. En introduisant au sein d'un genre défini, l'allégorie, un nouveau mode de représentation, il en bouleverse la définition traditionnelle et apporte ainsi sa contribution à la définition de la théorie des genres. CaG

Foyers de peinture dans les Pays-Bas

L'existence de foyers artistiques est corollaire à la présence des artistes dans les centres économiques de production, ainsi qu'à leur nécessaire inscription dans une guilde* pour y exercer leur métier. C'est en ce sens, et parce que chaque cité a sa particularité en matière artistique, que l'on peut définir l'existence de foyers ; leur spécificité tient aux traditions culturelles locales et à la manière dont les jeunes artistes se les approprient et les orientent.

La multiplicité des centres ne doit pas occulter la profonde unité de la peinture hollandaise. Il existe une cohérence certaine entre les écoles d'Amsterdam, de Haarlem, de Leyde (voir Dou) ou d'Utrecht (voir Caravagisme). Outre les clivages propres à chaque foyer, ses caractéristiques principales sont la tendance au réalisme de la représentation, le goût pour la description minutieuse des êtres et des choses, une palette éclatante et une lumière* claire.

La facilité des déplacements, due à la géographie du pays, contribue à maintenir son unité idéologique et artistique. De faibles distances séparent en effet les agglomérations, reliées par un important réseau de canaux où la circulation fluviale est bien organisée. Au-delà de l'activité propre à chaque cité, les occasions d'échanges artistiques sont donc multiples. Les voyages d'artistes sont d'ailleurs bien documentés. Leurs motifs sont divers : départ en apprentissage* dans des métropoles réputées pour leurs peintres, Utrecht et surtout Amsterdam, où Rembrandt règne presque en maître ; retour dans leur ville d'origine ; établissement dans celles où les conditions du marché et les perspectives d'avenir sont plus alléchantes. CaG

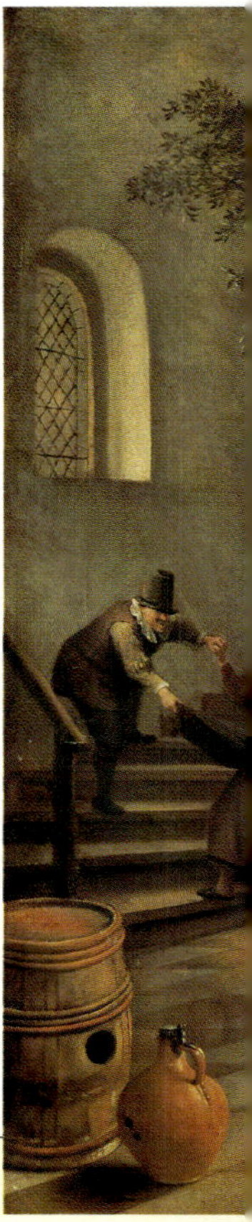

GENRE (LA SCÈNE DE)
Nature et raisons d'une vogue durable

Le mot « genre » n'apparaît qu'au XVIIIe siècle pour désigner des peintures ayant pour sujet des représentations de la vie quotidienne d'un registre moins noble que celui de la peinture d'histoire*. Elles puisent en effet dans le répertoire de la littérature emblématique (Jacob Cats) et mettent en image des personnages en apparence anodins dans un cadre que l'on qualifierait volontiers de familier, sinon de réaliste.

La naissance du genre remonte au début du XVIe siècle ; originaire des Pays-Bas* du Sud, il connaît son plus grand développement dans le Nord dans les années 1610-1620. Deux artistes de Haarlem lui donneront ses lettres de noblesse : Essaias van de Velde et Willem Buytewech. Par ailleurs, le séjour dans cette ville du Flamand Adriaen Brouwer (de 1628 à 1631) décidera de l'orientation d'Adriaen van Ostade, aussi de Haarlem, vers un traitement où le grotesque et la satire ont une part prépondérante.

Les peintres de Leyde, dont Gérard Dou* est le chef de file, ont une approche très différente de ce type de peinture : dans la qualité de l'exécution, fine et méticuleuse, que réhausse l'éclat et le brillant de la couleur* ; mais aussi dans le traitement des sujets, d'accès plus difficile, qui semble répondre à l'intérêt de la clientèle érudite de cette ville universitaire.

À Utrecht, la scène de genre tient davantage de la peinture d'histoire, par le format des tableaux comme par leur traitement pictural, qui suit la leçon

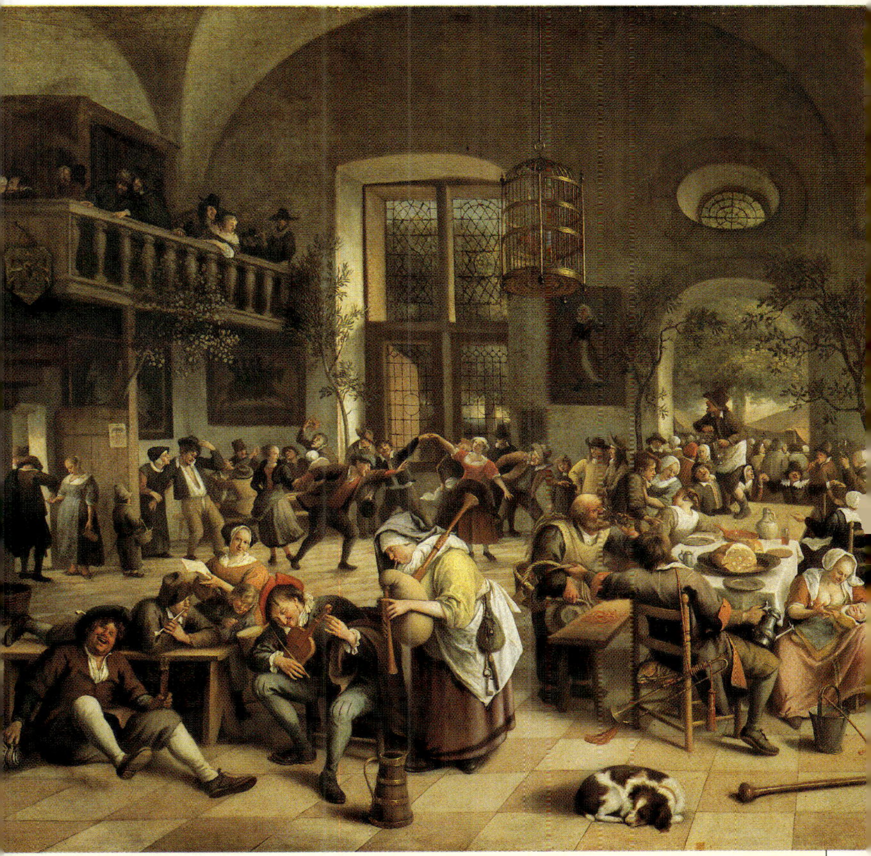

italienne du Caravage*. Les artistes de Delft*, Pieter de Hooch* et Vermeer, orientent leur travail vers la représentation de scènes d'intérieurs* plus calmes, où la lumière*, éclatante ou légèrement filtrée, n'est pas étrangère au sentiment de sérénité qui s'en dégage.

Dans la scène de genre, la nécessité interne du sujet conduit les artistes à définir de nouveaux modes de représentation. Cette dernière peut désormais se passer du support d'un texte auquel se réfèrerait la structure narrative du tableau. La préoccupation du sujet n'est pas d'une importance moindre, mais le sujet tient à un autre répertoire, moins érudit, se réduisant à une simple illustration proverbiale ou admonestation morale. D'où son succès, qui répond à la culture bourgeoise de la classe dominante. Le réalisme des peintres de genre, tels Dou, Steen, ou Metsu*, est à proprement parler métaphorique : ils utilisent des « fragments de réel » comme support d'un contenu symbolique moralisant. Dès lors, aucune scène n'est innocente ou anecdotique.

Qu'il s'agisse de scènes de tavernes ou de bordels*, de banquets familiaux, d'intérieurs d'auberges ou de maisons bourgeoises, toutes font écho à une attitude commune face à la vie et à la destinée : la régularité, l'austérité des mœurs est la référence cachée à laquelle renvoie la représentation des dérèglements et de l'abus des plaisirs mondains qui ne pèsent rien en regard de la vie éternelle (voir Autour de 1650). CaG

Géographe (Le).

Voir Astronome

Double-page précédente : Jan Steen, *Fête dans une auberge.* H/t 117 × 161. Paris, Louvre.

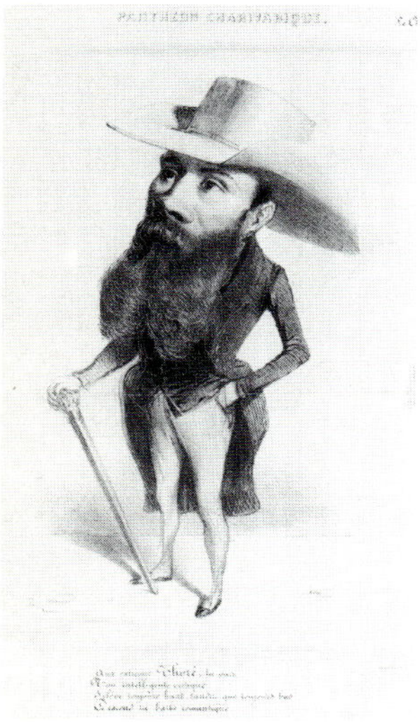

Caricature de Thoré-Bürger.

Gloire de Vermeer

Vermeer aurait eu le terrible privilège, avant que le XIXe siècle ne le réhabilite, d'être un génie méconnu. Cette image longtemps admise se doit pourtant d'être nuancée.
Vermeer n'a jamais été méconnu et encore moins délaissé par les collectionneurs de son temps, dont certains achetèrent ses tableaux un bon prix (voir Marché). Il est élu deux fois comme syndic de la guilde* de Saint-Luc et sa première élection, en 1662, s'est faite à un âge excessivement jeune. Après la mort de Fabritius (voir Védutistes), il est le peintre le plus admiré à Delft et, en 1669, il est qualifié de « célèbre peintre » dans le journal d'un amateur d'art. Ayant peint peu de tableaux, dont certains sont même attribués au XVIIIe siècle à Metsu*, Van Mieris* ou De Hooch*, son œuvre ne peut occuper une place aussi grande que celle de peintres à la production plus abondante. Le XIXe siècle confirme sa place d'artiste majeur : Étienne Joseph Théophile Thoré-Bürger (1807-1869) établit le premier catalogue détaillé de l'œuvre de Vermeer dans un article fondateur de *La Gazette des Beaux-Arts*, en 1866. De nombreux écrivains tombent sous le charme de ses peintures (Gautier, Proust*) et lui confèrent ainsi le statut de génie.
Le XXe siècle ne fera qu'affiner le catalogue des peintures de Vermeer et achèvera de lui donner, par des voies parfois étranges – *La Laitière** se retrouvant comme image de marque d'un laitage –, une popularité indiscutable. GC

Guerre de 1672

Au milieu du XVIIe siècle, la république hollandaise (voir Pays-Bas) menace, par ses lois et par l'indépendance de ses dirigeants, les royaumes voisins, la France et l'Angleterre.
En signant en 1648 la Paix de Westphalie, la Hollande met un terme à la guerre qui l'oppose à l'Espagne et reprend alors un commerce actif avec ce pays. Louis XIV, voyant une menace dans cette reprise des relations commerciales, saisit l'occasion pour déclencher la guerre. Si la France supporte effectivement mal la croissance économique de son voisin, cette guerre est

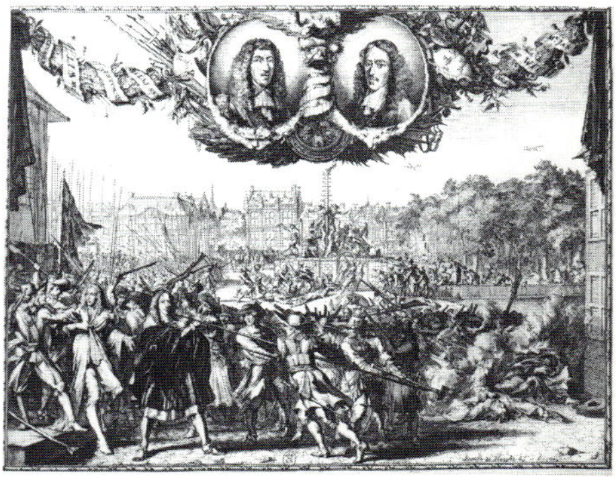

Romÿn de Hooghe, *Mort des frères Cornelis et Jean de Witt tués à La Haye dans une émeute populaire, au moment de l'entrée des troupes françaises en Hollande.*

cependant autant provoquée par des motifs politico-économiques que par de simples questions de fierté nationale. L'Angleterre suit la France dans cette entreprise. La guerre que le roi de France mène contre les « insolences » hollandaises est rapide (1672-1678) mais terrible pour la République qui perd beaucoup de terres et d'argent. Cette catastrophe nationale entraîne un arrêt brutal du marché de la peinture et touche les peintres de plein fouet. Vermeer est directement affecté par l'événement et meurt sans doute – comme l'affirme sa femme – des tracas financiers qu'il a alors à supporter. GC

Guildes et académies

Le regroupement des corps de métiers en guildes remonte au Moyen Âge. Les peintres et les sculpteurs sont ainsi associés à un certain nombre de métiers dont rien ne les distingue initialement.

Au cours du XVIe siècle, les artistes acquièrent une place éminente dans la société et commencent à revendiquer un statut particulier qui les différencie des artisans. C'est ainsi qu'en Italie* naissent les premières académies dont le modèle se diffuse rapidement en Europe durant le XVIIe siècle. En Hollande cependant, excepté un essai de courte durée et d'envergure très limitée à Haarlem dans les années 1590, le modèle académique n'a pas cours, au moins au siècle d'or. Les peintres restent attachés à leur guilde. Ils ne s'affranchissent de celles-ci que dans la mesure où, dans certaines villes, telles que Dordrecht (1642), Utrecht* (1644), Leyde (1652) et La Haye (1655), ils se séparent des autres artisans pour fonder leurs propres confréries. Le mouvement ne gagne pas les artistes de Delft* qui continuent à côtoyer verriers, brodeurs, graveurs, sculpteurs, faïenciers*, relieurs et imprimeurs. À cet égard, la guilde de Delft est, avec celle de Haarlem,

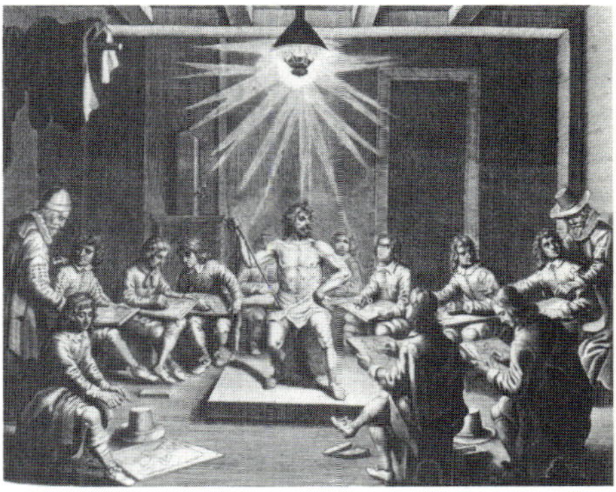

Crispin de Passe le Jeune, *Dessin d'après nature à l'académie d'Utrecht.* Gravure tirée de *La Luce del dipingere*, 1643, Amsterdam.

la guilde la plus conservatrice des Pays-Bas.

En 1661, lorsqu'elle fête son cinquantenaire, elle change de siège, mais conserve ses statuts de 1611, réaffirmant ainsi son attachement à la tradition artisanale. Les statuts des guildes sont, dans leur principe, les mêmes dans chaque ville. Les guildes sont régies par des syndics désignés par leurs membres, mais nommés par les magistrats municipaux. Le jeune artiste doit effectuer un apprentissage* de quatre à six années avant de pouvoir accéder à la maîtrise. Dans la plupart des guildes, les peintres sont dispensés de soumettre un « chef-d'œuvre » à l'approbation des syndics, comme doivent le faire les verriers, les faïenciers et les autres apprentis de métiers moins nobles. Le nouveau maître doit en outre payer un droit d'entrée. Aucun artiste ni artisan ne peut exercer son métier en dehors du cadre de la corporation. CaG

HISTOIRE (PEINTURE D') : LES ENFANTS DE RAPHAËL

La peinture du XVIIe siècle hollandais ne peut se réduire à la vision d'une peinture réaliste étroitement liée à la représentation du monde quotidien. Définir la spécificité de l'art hollandais ne permet pas de faire l'économie du genre de l'histoire, ni de ses liens étroits avec la peinture et la théorie de l'art italiennes.

La peinture d'histoire en Hollande perd dans les vingt premières années du XVIIe siècle ses mécènes* traditionnels : les églises ont été détruites ou affectées au culte protestant, la noblesse n'a plus qu'un rôle médiocre. Mais il reste, au sein de la bourgeoisie*, un public d'amateurs qui a reçu une formation humaniste et se sent suffisamment concerné par ce genre de peinture pour l'apprécier et l'acheter.

L'esthétique dominante du réalisme pictural est la deuxième cause de cette défection. On se méfie des purs produits de l'imagination, trop éloignés d'une réalité factuelle et saisissable. Par ailleurs, l'exigence d'édification morale et spirituelle, domaine traditionnel de la peinture d'histoire, peut aussi bien être satisfaite par la peinture de genre*, voire par le paysage (voir Spécialisation) ou la nature* morte.

Les artistes qui optent pour l'histoire n'échappent pas à l'influence du réalisme. Celle-ci se manifeste surtout dans le souci de donner à l'œuvre une cohérence dans la composition qui obéisse à la clarté du propos, serrant au plus près le texte qu'elle illustre. Les représentants de l'école d'Utrecht, introduisant la leçon du Caravage*, permettent le renouvellement du genre, par une approche plus monumentale et dramatique du sujet, mis en valeur par l'utilisation du clair-obscur. À la fin du siècle, l'influence du classicisme français est évidente, notamment chez Gérard de Lairesse (voir Europe). CaG

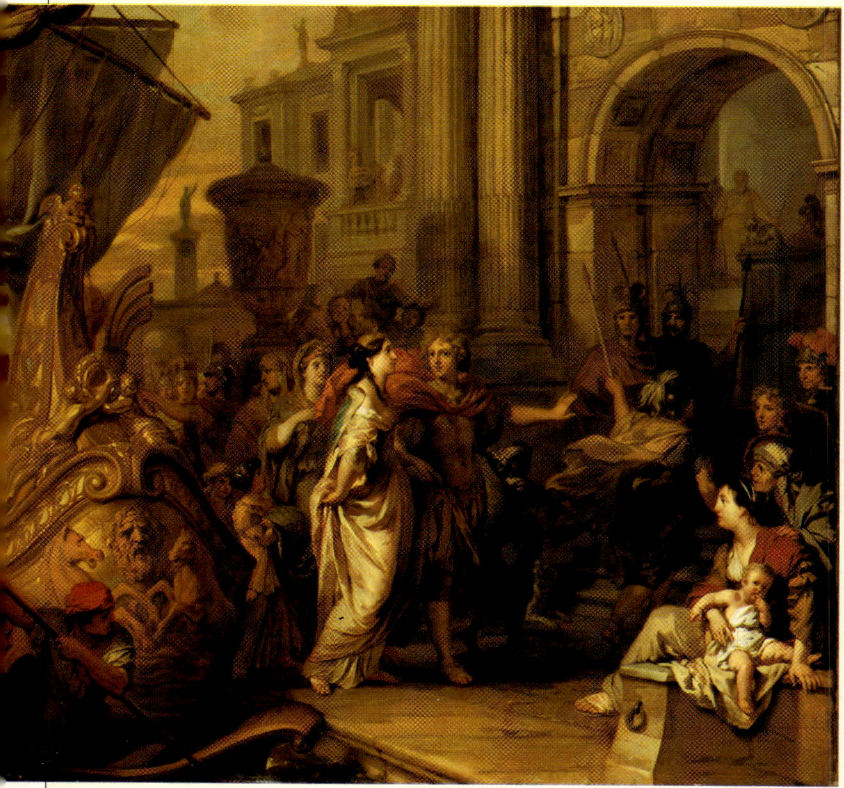

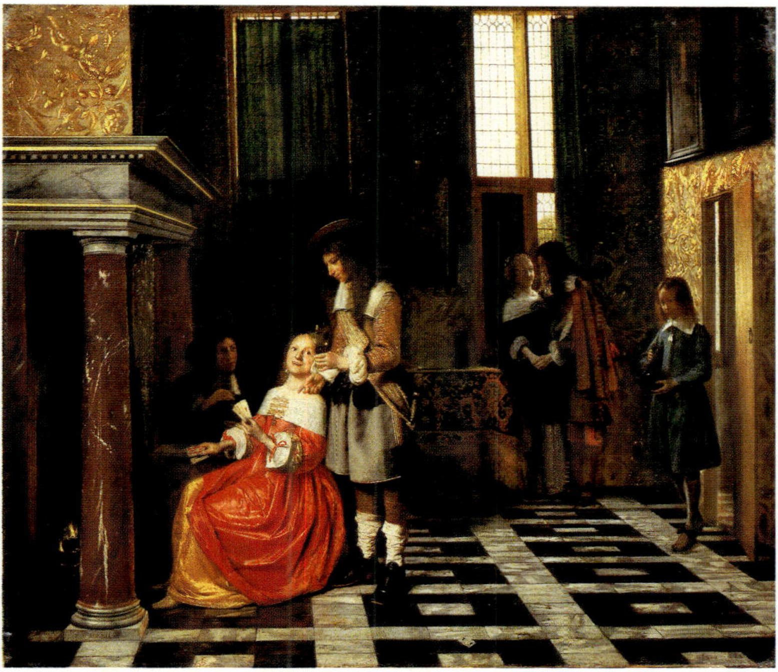

Pieter de Hooch, *Scène d'intérieur*, v. 1658. H/t 74 × 65. Londres, National Gallery.

Honthorst (Gérard von). Voir Caravagisme

Hooch (Pieter de)
De trois ans plus âgé que Vermeer, Pieter de Hooch (1629-1683), originaire de Haarlem, s'installe à Delft* en 1653. Il s'inscrit à la guilde* de Saint-Luc de la ville deux ans plus tard et c'est probablement là qu'il fait la connaissance de Vermeer. La découverte de l'œuvre de Pieter de Hooch est un événement capital pour l'évolution de la peinture de Vermeer qui, autour* des années 1650, subit une transformation profonde.

Par une conception originale du portrait et par sa maîtrise de la perspective, Pieter de Hooch bouleverse le type de la scène de genre* : ses personnages sont campés dans des pièces rigoureusement définies – les poutres du plafond et les carrelages au sol forment un espace en perspective précis – et baignées par une lumière forte que diffusent de larges fenêtres* (*Scène d'intérieur*, Londres).

Vers 1660, Vermeer change sa façon de peindre et, abandonnant la peinture d'histoire*, reprend précisément la leçon de Pieter de Hooch (*Le Soldat et la jeune fille souriant*, New York, ill. p. 10). Par la suite, Vermeer simplifiera l'exemple de ce dernier en réduisant le nombre de personnages et en utilisant un éclairage plus diffus comme dans *La Laitière** ou *Le Collier de perles* (ill. p. 99). Pieter de Hooch sait, à son tour, tirer parti des avancées de Vermeer et reprend par exemple, dans presque tous ses détails, *La Peseuse* d'or*. De Hooch n'hésite pas à répéter également ses propres compositions et à en agrandir certains détails pour en faire des œuvres à part entière. GC

Gérard de Lairesse, *Débarquement de Cléopâtre à Tarse*. H/t 60 × 67. Paris, Louvre.

Iconoclasme

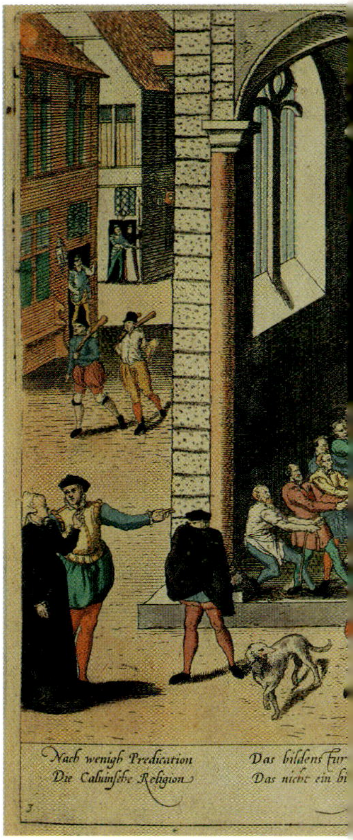

Tournant décisif dans le conflit opposant catholiques (voir Tolérance) et protestants dans les Pays-Bas* alors sous tutelle espagnole, la révolte iconoclaste de 1566, qui s'étend à travers les dix-sept provinces, se solde par la destruction ou la mutilation des œuvres religieuses de plus de 400 églises et par le durcissement de la politique du roi d'Espagne, qui envoie les troupes du duc d'Albe mater les séditieux. Les calvinistes extrémistes, exaspérés par la répression de l'Inquisition, s'attaquent en effet à ce qui incarne pour eux l'idolâtrie papiste. Les protestants rejettent la représentation de Dieu, du Saint-Esprit et du Christ dans sa nature divine, parce qu'indescriptibles par l'Homme. De même, le culte de l'image des saints et de la Vierge leur est intolérable.

Après l'Union d'Utrecht (1579), signée par les représentants des provinces en révolte contre l'Espagne, le calvinisme* est érigé en religion quasi-officielle par les Provinces-Unies. Les tableaux et les sculptures sont évacués des églises réformées.

En ce qui concerne la décoration des lieux publics et des foyers privés, les pasteurs calvinistes s'insurgent contre la représentation « idolâtre » du Christ et de la Vierge. Ils tolèrent et souvent même encouragent la représentation de scènes tirées de la Bible, les paysages et les natures mortes. Certains peintres ultra-calvinistes, tel Jan Victors, évitent les sujets du *Nouveau Testament* et se cantonnent dans les histoires vétéro-testamentaires. Les peintres catholiques que l'on range parmi les pré-rembranesques, tels Leonaert Bramer, Pieter Lastman, Jan et Jacob Pynas, peignent des « histoires religieuses » à l'instar des artistes protestants. Rembrandt*, qui appartient à la communauté réformée, n'hésite pourtant pas à peindre la Vierge et l'Enfant, voire des anges et le visage du Christ. À Haarlem, cependant, les peintres catholiques, tels Pieter de Grebber et Jan de Bray, penchent parfois vers les allégories et les œuvres de dévotion, un genre fortement réprouvé par les calvinistes. Vermeer, avec son *Allégorie de la Foi**, s'inscrit dans le même courant. Il subit probablement l'influence du milieu jésuite dans lequel sa belle-mère et sa femme sont profondément implantées. OZ

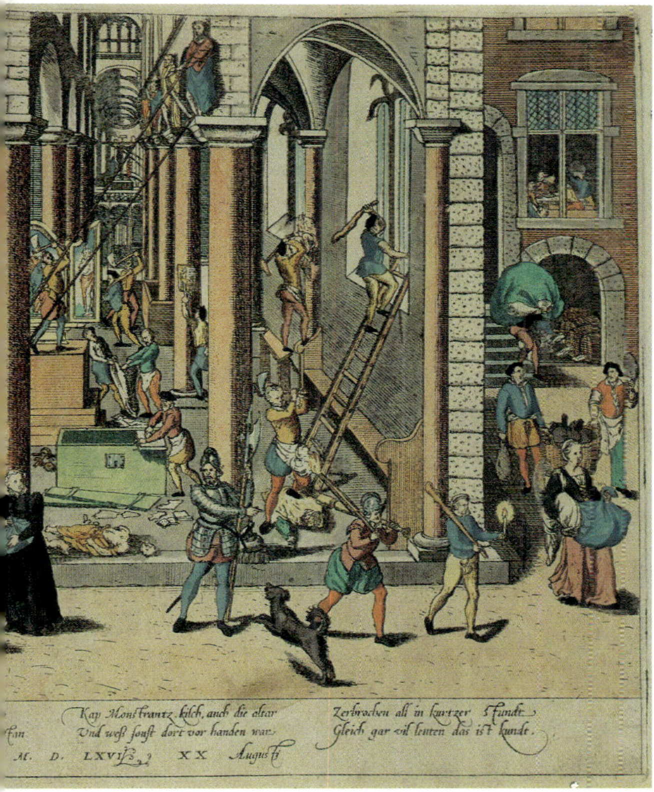

Franz Hogenberg, *Les Iconoclastes : destruction des reliques et des statues dans les églises après la prédication de Calvin en août 1566.* Gravure. Genève, Bibliothèque publique et universitaire.

Pages suivantes : *La Liseuse à la fenêtre*, 1659. H/t 83 × 64,5. Dresde, Gemäldegalerie.

ICONOGRAPHIE VERMEERIENNE
Thèmes et variations

La qualité de l'œuvre de Vermeer ne tient pas au choix de ses sujets – choix d'ailleurs relatif puisque lié en partie à une commande – mais bien plutôt aux innombrables variations qu'il fait subir à une iconographie commune. Tout au long de sa carrière, Vermeer suit l'évolution des genres auxquels il s'essaye et adopte leurs thèmes. Il peint ainsi, lors de ses années d'apprentissage*, des scènes inspirées de la mythologie (*Diane et ses compagnes*, La Haye, ill. p. 32) et des tableaux d'histoire*. En abordant la peinture de genre* et ses scènes d'intérieur*, il représente des personnages engagés dans des conversations* galantes, occupés à la lecture ou à l'écriture de lettres*, ou encore à la pratique de la musique*. Il peint également des sujets populaires comme des personnages en train de boire ou absorbés dans des tâches domestiques (*La Dentellière**, *La Laitière**).
Il refuse cependant quelques thèmes très répandus à l'époque comme les scènes d'extérieur. Il n'en peindra que deux : *La Ruelle** et la *Vue* de Delft* ; une troisième, aujourd'hui perdue*, est mentionnée dans un inventaire. Vermeer trouve son originalité dans le traitement qu'il donne à ce répertoire classique : un cadrage excessivement précis et régulier, une répétition systématique des mêmes lieux, une élaboration méticuleuse d'un espace intime et, surtout, un jeu sur le symbolisme* qu'il laisse toujours en suspens, et qui fait varier l'analyse entre plusieurs sens possibles (voir Citations). GC

Identité nationale.

Voir Pays-Bas

Intérieurs et intimisme

Vermeer est un peintre d'intérieur. Tout son œuvre est là pour le prouver (voir Iconographie vermeerienne). Il est même le peintre d'*un* intérieur, répétant dans presque toutes ses toiles une même disposition du décor.

Vermeer ne représente jamais une pièce entière. Il ne peint qu'un seul de ses angles et ne montre en même temps le sol et le plafond que dans trois de ses toiles (*L'Atelier**, *L'Allégorie de la Foi** et *La Leçon de musique* de Londres, ill. p. 92). Les intérieurs de Vermeer adoptent un schéma régulier : à gauche, le mur chargé de diffuser la lumière* et, perpendiculairement, un autre mur qui sert de toile de fond à ce théâtre intime. Ce mur est parfois nu mais il est le plus souvent décoré de cartes* ou de tableaux (voir Citations). Ces intérieurs ont un sol composé d'un carrelage noir et blanc, parfois vert et jaune comme dans *La Dame buvant avec un gentilhomme* (Berlin, ill. p. 54), qui contribue à donner aux pièces une élégance bourgeoise. Vermeer ne peint que des foyers privés, jamais de lieux populaires comme les tavernes (voir Bordels).

Face à la régularité du schéma employé par l'artiste, on peut supposer qu'il représente un espace qui lui est familier et qu'il reproduit dans ses peintures certaines pièces de sa maison. Ces intérieurs sont aussi l'occasion de révéler l'intimité des personnages et de mettre en scène leurs sentiments. Vermeer y place des figures isolées dont le spectateur observe, tel un voyeur, les gestes et les émotions (*La Femme en bleu lisant une lettre*, ill. p. 80). Cette intimité est cependant protégée par un espace clairement délimité. Les premiers plans sont encombrés de chaises, de rideaux ou de tables qui forment une barrière préservant la sphère privée. Contrairement à Pieter de Hooch*, Vermeer ne montre jamais d'ouvertures à l'arrière-plan qui offriraient une échappatoire au regard et ouvriraient ces intérieurs intimes vers l'extérieur. Vermeer peint une « intimité au sein du privé » (Arasse). GC

Inventaire de 1676.

Voir Accessoires

Italie-Hollande : la tentation du Sud

Aux XVIe et XVIIe siècles, le voyage en Italie est un élément important de la formation des artistes. L'Italie est en effet considérée comme la patrie des arts : elle possède les principaux chefs-d'œuvre de l'art antique comme de l'art moderne, mais est aussi un lieu de fermentation et de renouvellement artistiques permanent. Elle représente enfin un pays économiquement stable, offrant de larges débouchés aux artistes. Les artistes des anciens Pays-Bas* n'échappent pas à son attrait et nombreux sont ceux qui en prennent le chemin. Certains s'y fixent, tels Bril ou Van Laer, d'autres y font un séjour prolongé, tels les caravagesques* d'Utrecht ou certains paysagistes. Parmi les peintres de Delft*, on peut mentionner Bramer (voir Apprentissage), peintre d'histoire*, de paysages et de natures* mortes, et Groenewegen, peintre de paysages. Rome est la ville vers laquelle les artistes hollandais se tournent le plus volontiers. Pourtant, loin de se

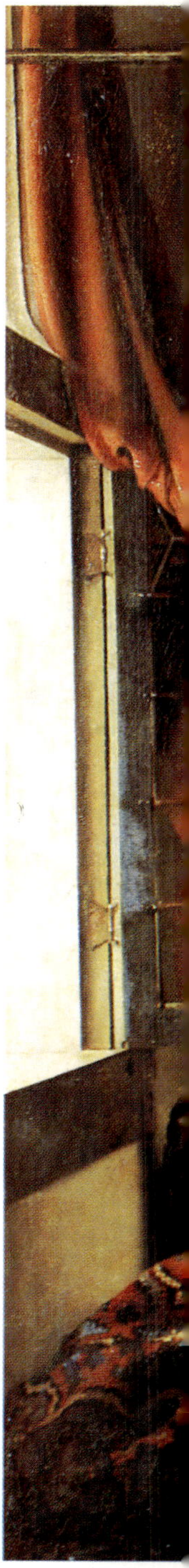

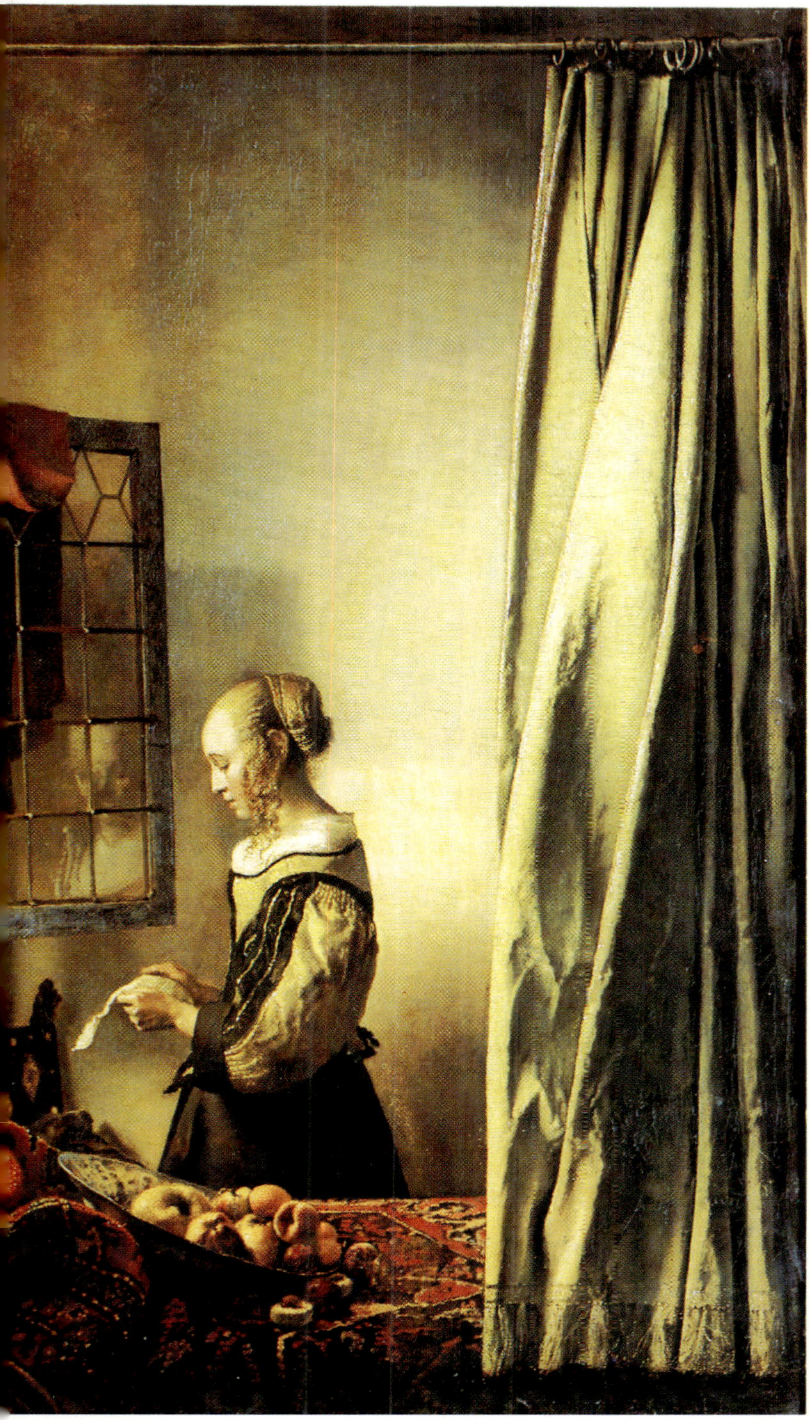

fondre dans la communauté artistique internationale, ils se regroupent en une association, les « Bentvueghels » ; le sentiment de leur particularité nationale est d'autant plus fort qu'ils sont presque tous de religion réformée. On souligne volontiers les influences de l'art italien sur les écoles étrangères. Mais les apports jouent aussi en sens inverse et, notamment, dans le domaine du paysage (voir Spécialisation). Si l'Italie fournit aux peintres de nouveaux motifs (paysages montagneux et escarpés, ruines, etc.), les artistes des anciens Pays-Bas, eux, exportent leur propre expérience de l'art : pratique du dessin en extérieur, attention aux variations de la lumière* du jour, goût pour les scènes nocturnes en lumière articielle. Joachim von Sandrart, auteur d'un célèbre traité de peinture, leur attribue la paternité de cette nouvelle manière, dont l'héritier le plus significatif est Claude Lorrain. CaG

■ Jeune Fille au turban (La)

On n'a conservé que deux portraits en buste de Vermeer. Celui-ci, du Mauritshuis de La Haye et le *Portrait d'une jeune fille* du Metropolitan de New York. Les deux autres portraits de femme en buste de Washington (*La Jeune Fille à la flûte* et *La Jeune Fille au chapeau rouge*, ill. p. 23) provoquent encore des controverses autour de leur authenticité et ne peuvent pas être classés avec certitude dans le corpus de Vermeer (voir Perdus). *La Jeune Fille au turban* est, avec le *Portrait d'une jeune fille* (New York) et *La Jeune Femme avec une servante tenant une lettre* (New York, Frick Collection, ill. p. 106), l'une des rares œuvres qui ne se situe pas sur un fond figuré. Sa tête, coiffée d'un turban à la turque qui faisait partie des vêtements orientaux du peintre, et parée d'une perle* à l'oreille – ce tableau est aussi appelé *La Jeune Fille à la perle* –, se détache, dans un habile contraste lumineux, du fond noir qui constitue son unique décor. Il se dégage de ce portrait un incroyable effet « naturel » créé en partie par la pose de la figure qui se détourne et regarde le spectateur par-dessus son épaule. Le reflet dans les yeux, l'image de la fenêtre dans la perle et les infimes éclats sur la lèvre inférieure contribuent à donner à ce visage un intense sentiment de vie. Albert Blankert a proposé de voir dans une toile de Van Mieris* l'origine de la pose de la jeune fille. Vermeer radicalise cependant la technique du fond monochrome pour éviter de créer une quelconque profondeur ; il n'opère aucune délimitation franche entre les différents plans et les diverses parties du visage. Le fond et la figure s'interpénètrent. Les traits de la jeune fille ne sont définis que par un jeu de couleurs* et de lumière*. L'arête du nez, par exemple, n'est pas clairement dessinée. Le nez est comme fondu dans la joue droite (Blankert). Vermeer n'utilise aucune ligne de contour pour définir le portrait. Cette technique ressemble assez à celle du *sfumato* de Léonard de Vinci qui parvenait à créer la profondeur par un jeu d'ombres et de lumières plutôt que par des traits nets. La « Joconde du nord » est d'ailleurs le surnom donné à cette œuvre. GC

La Jeune Fille au turban, v. 1665-1666. H/t 45,5 × 39. La Haye, Mauritshuis.

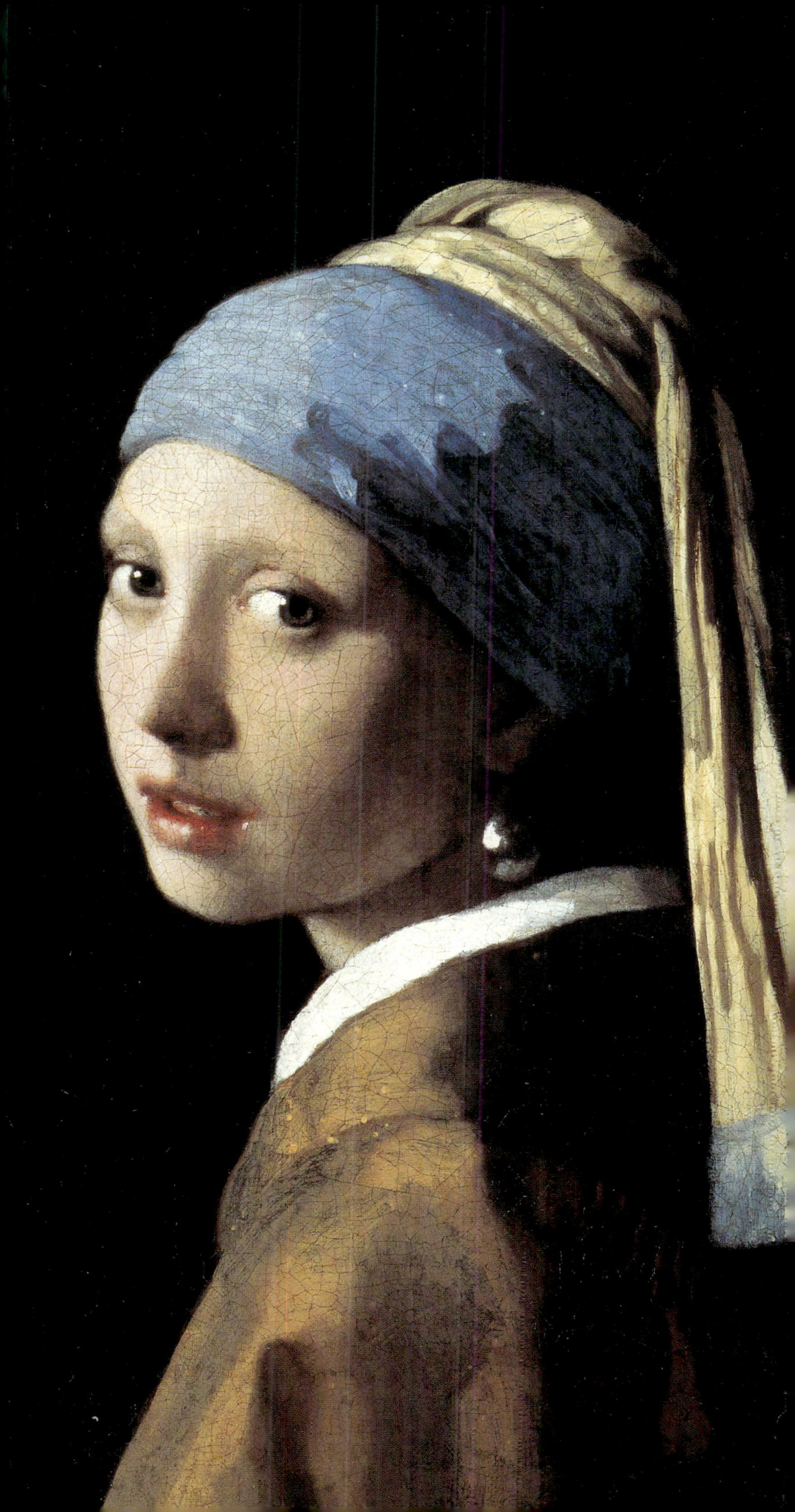

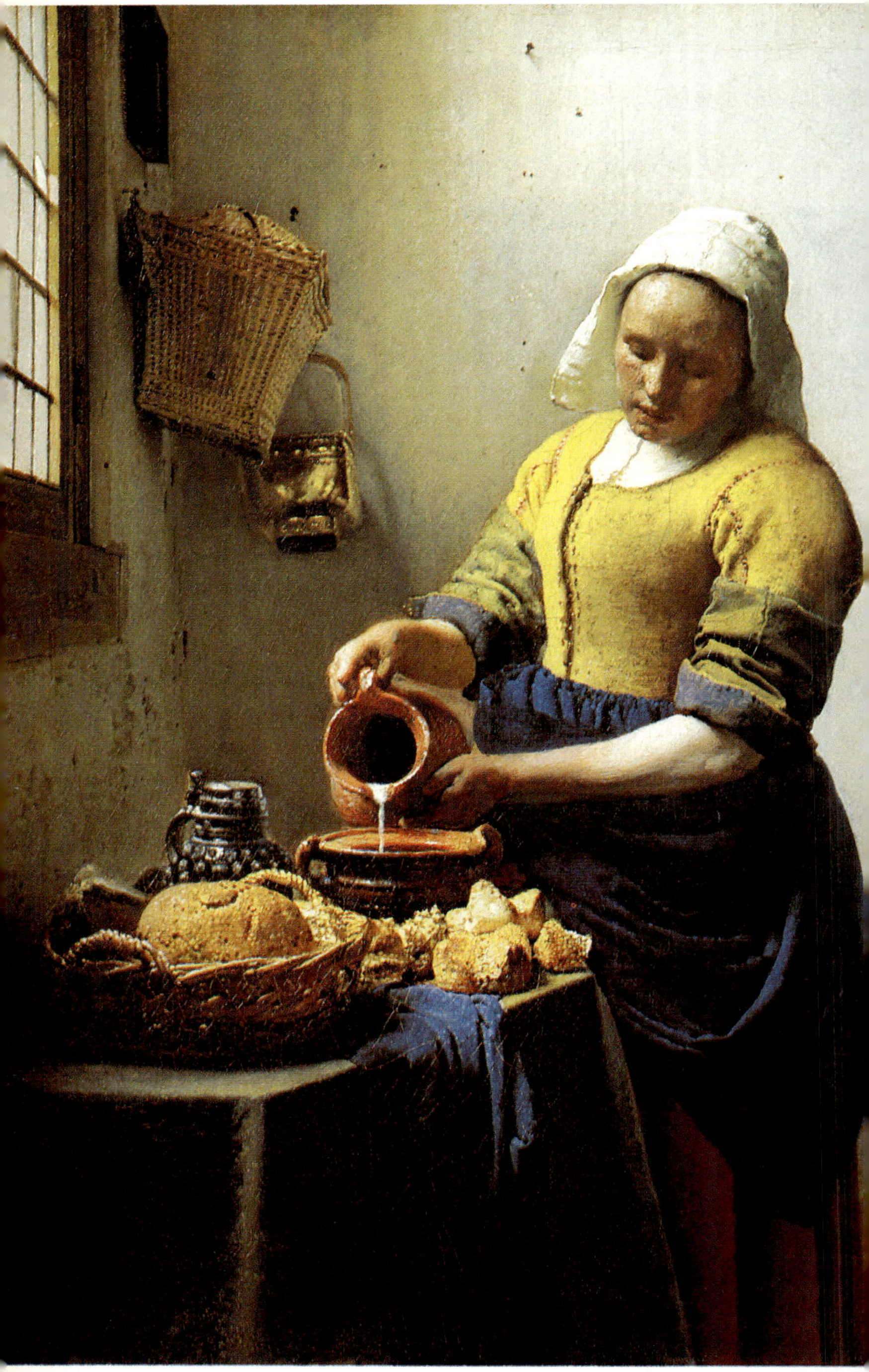

La Laitière

1658-1660. H/t 45,5 × 40,6. Amsterdam, Rijksmuseum.

LAITIÈRE

Cette œuvre constitue certainement l'aboutissement de l'art de Vermeer qui réussit à parfaire les leçons de Nicolas Maes ou de Pieter de Hooch*. Dans une composition harmonieuse, il peint une figure isolée et absorbée dans l'accomplissement d'une tâche domestique, entourée d'objets qui constituent autant de détails particuliers qui retiennent, par leur effet de présence, le regard. Autour de cette figure de servante* sont disposés des morceaux de pain, des cruches, un plat, une chaufferette suspendue au mur et un chauffe-pied posé sur le sol. Pour les besoins de son sujet, Vermeer a simplifié l'aspect de la pièce : une fenêtre brute et un mur usé, simplement décoré de carreaux de faïence*.
Le thème de la femme versant du lait n'est pas, comme l'ensemble de l'iconographie* vermeerienne, une invention personnelle. On le trouve, à l'origine, dans les « scènes de cuisine » dont Pieter Aersten, originaire d'Anvers, est le plus brillant représentant. *La Laitière* constitue une version moderne et raffinée de ce genre. Il est possible que Vermeer se soit inspiré d'une œuvre de Gérard Dou* – une peinture représentant une femme qui regarde le spectateur et verse de l'eau dans un récipient (Paris, Louvre) – pour exécuter sa propre laitière. Cependant, en faisant baisser les yeux de son personnage, il réussit à créer un sentiment d'intimité.
La radiographie de l'œuvre montre que Vermeer a traité différemment la nature morte qui décore la table et la laitière. La femme est composée d'une première couche de peinture dont la vivacité laisse penser qu'elle a été exécutée pendant une scéance de pose, d'après un modèle vivant. Cette radiographie permet également de voir que Vermeer avait initialement prévu d'habiller le mur du fond d'une carte*. Dans l'état final, il ne reste que le mur blanc que Vermeer a malicieusement parsemé de traces de clous, témoins d'un ancien accrochage. Le mur vierge laisse alors la lumière* et ses multiples accidents devenir le véritable sujet de l'œuvre. La technique en « pointillé » que l'on retrouve dans cette toile – notamment sur les anses de la corbeille de pain – et qui contribue à donner un réalisme à la scène, suggère que Vermeer a peut-être utilisé une chambre* noire pour sa composition. GC

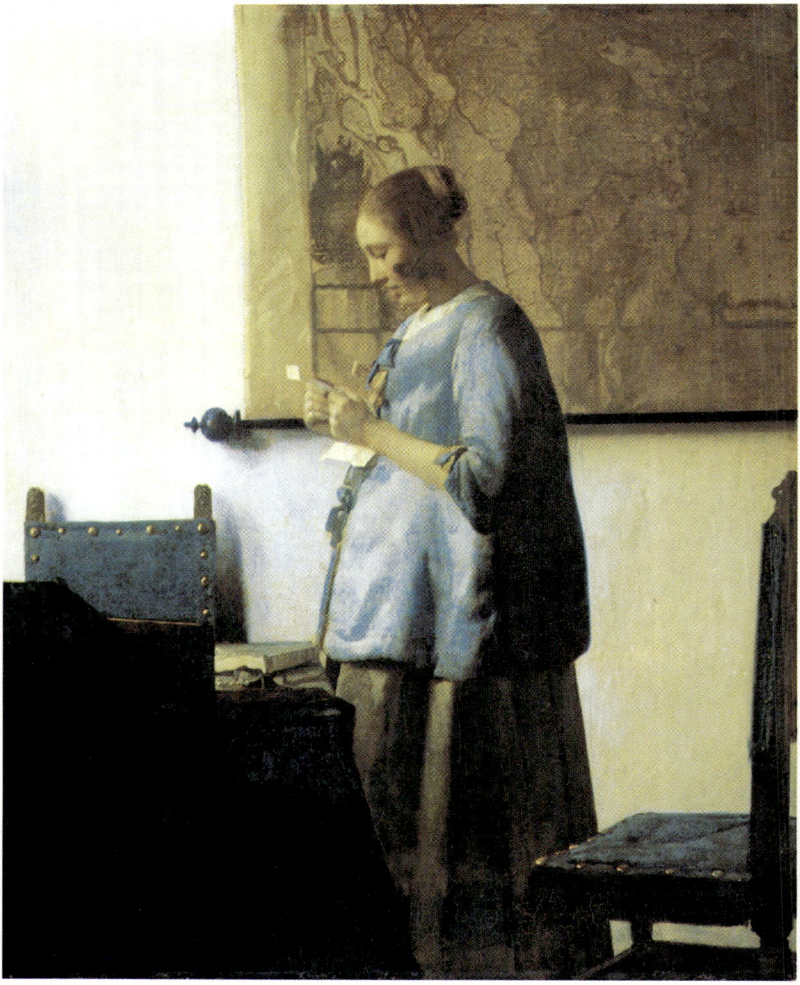

La Femme en bleu lisant une lettre, v. 1663-1664. H/t 46,6 × 39,1. Amsterdam, Rijksmuseum.

Lettres

La lettre et ses différents motifs est le sujet principal de l'iconographie* vermeerienne. Vermeer, comme la plupart des peintres spécialisés dans la scène de genre* (Ter Borch*, Metsu*), a répété méthodiquement chaque phase des échanges épistolaires : l'écriture de la lettre (*Jeune femme en jaune écrivant une lettre*, Washington, ill. p. 21), sa réception (*La Lettre d'amour*, ill. p. 82) et enfin sa lecture (*La Femme en bleu lisant une lettre*). L'importance donnée ainsi à la lettre dans la peinture hollandaise témoigne du niveau d'éducation le plus élevé d'Europe. Cependant, pour Vermeer, la lettre remplit une fonction bien plus complexe : elle est en effet un des moyens du discours amoureux. L'homme, parfois totalement absent des nouvelles scènes de genre, garde pourtant son rôle érotique grâce à la lettre. Toujours indéchiffrable pour le spectateur, elle renforce le caractère intime des intérieurs* en plongeant la femme qui la lit dans une

LUMIÈRE
« Point de noir » (Thoré)

La peinture claire de Vermeer s'inscrit dans la continuité des recherches de Potter et de Pijnacker, qui optent pour une palette lumineuse et éclatante, et de Saenredam, qui en fait l'élément structurant de ses espaces. Mais le peintre s'inspire surtout de Fabritius*, qui retient lui-même de son apprentissage chez Rembrandt* l'utilisation du clair-obscur comme principe de composition.

Dans ses vues extérieures – *La Ruelle** et la *Vue* de Delft* –, Vermeer a recours aux contrastes lumineux et à l'intensité des couleurs pour renforcer l'effet de réel. Dans ses scènes d'intérieur*, il opte plutôt pour une lumière douce et diffuse et pour une modulation raffinée du clair-obscur qui permet une transition subtile entre les tons lumineux et les tons sombres.

Dans les tableaux de Vermeer, c'est la lumière qui construit l'espace. Répercutée par les objets, elle trace un réseau d'horizontales et de verticales qui, joint aux lignes de la composition, donne la géométrie du tableau. Les tentures, les tapis, comme les volets des fenêtres* – que l'on ne voit jamais directement, mais qui apparaissent parfois dans un reflet – en assurent la distribution et le dosage.

La lumière a aussi un impact sur la représentation. Elle participe du processus d'idéalisation, en isolant et en révélant les formes. Paradoxalement, le dessin existe non par la ligne mais par le traitement de la lumière : c'est la discontinuité de celle-ci qui en trace les contours. Le dessin peut ainsi être remplacé par des touches de couleur* juxtaposées qui rendent l'impression lumineuse perceptible. CaG

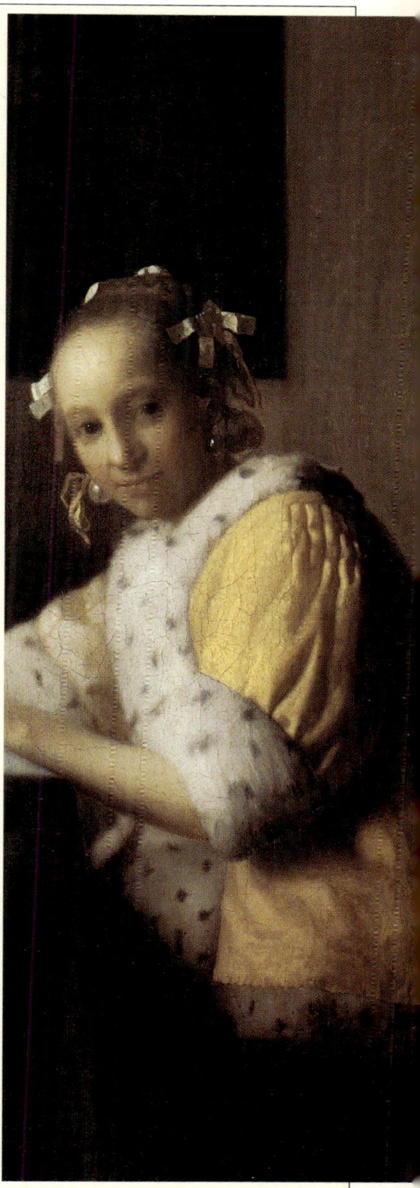

contemplation qui l'isole du monde. La servante* est la seule figure qui accompagne sa lecture. Enfin, la lettre représente pour les peintres un motif privilégié. Sa lecture est à l'image du regard de l'« amateur » qui scrute amoureusement, dans ses moindres détails, une œuvre d'art (Alpers). La lettre produit enfin le miracle que le théoricien italien Alberti (1404-1472) attribue à la peinture : rendre l'absent présent. GC

Jeune femme en jaune écrivant une lettre (détail), v. 1665. Washington, The National Gallery of Art.

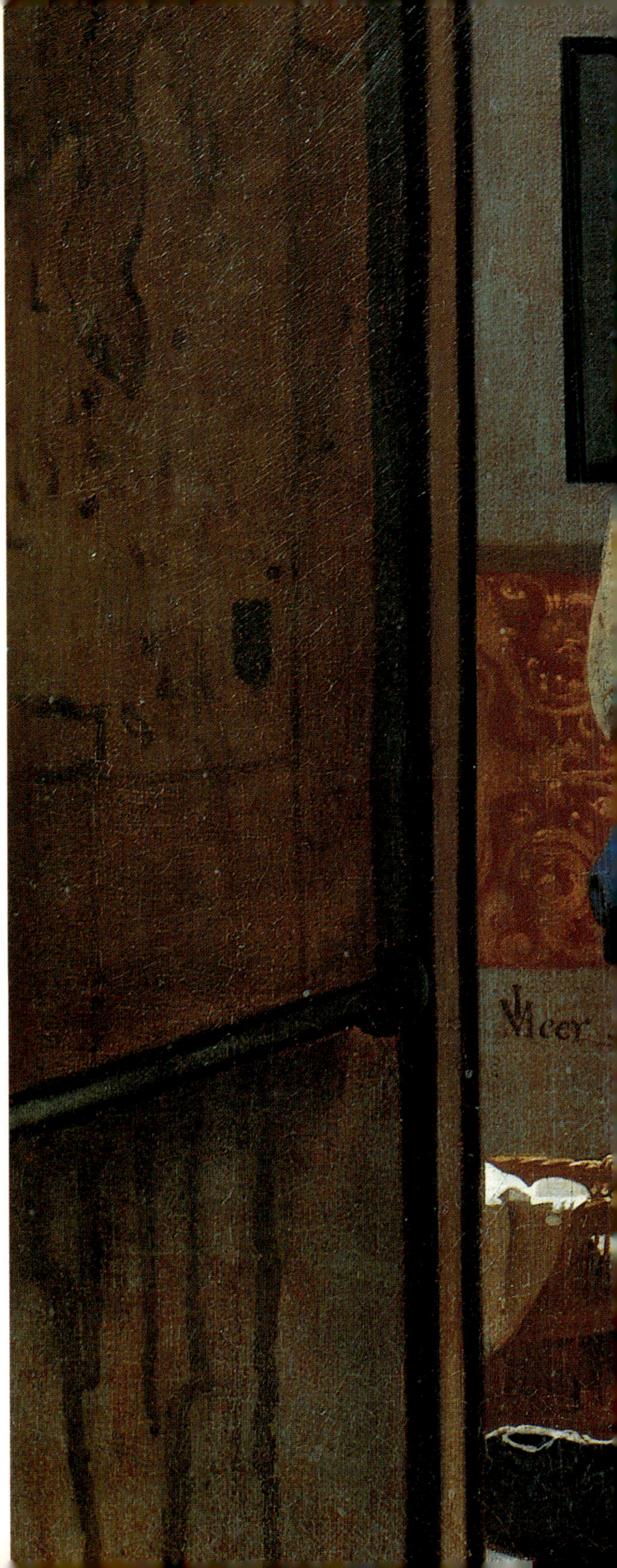

La Lettre d'amour,
(détail),
v. 1669-1670.
Amsterdam,
Rijksmuseum.

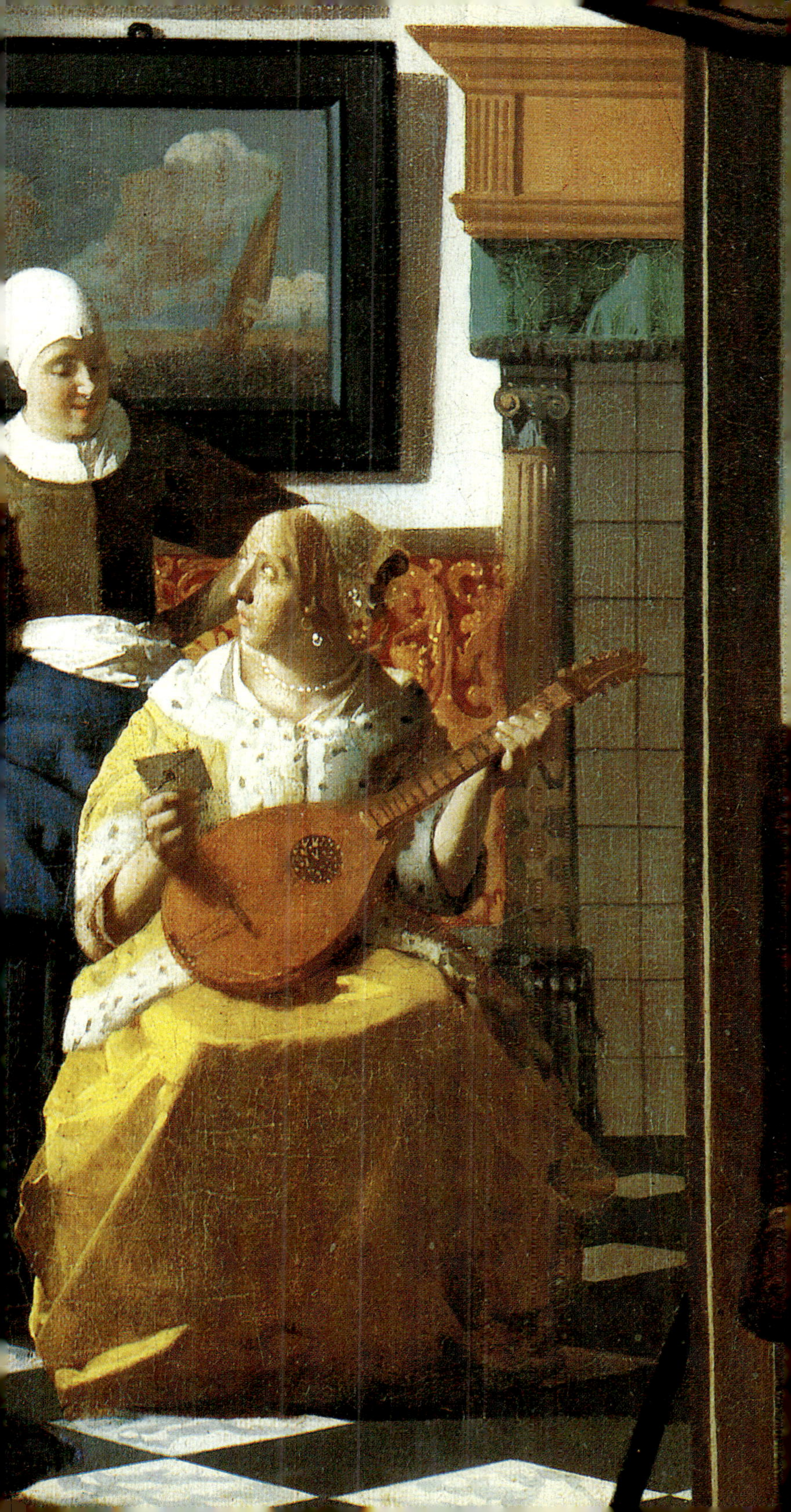

MARCHÉ DE L'ART
Le prix des tableaux

Le marché de l'art des Pays-Bas* du Nord se réduit essentiellement aux tableaux et aux gravures – les sculptures représentent moins de 5 % des objets dans les collections privées et les dessins ne sont collectionnés que par une mince élite. L'offre et la demande s'accroissent sur le marché de la peinture au moins jusque vers la moitié du XVIIe siècle, ainsi que le nombre de maîtres peintres dans la plupart des foyers* artistiques. Grâce au développement de la peinture tonale – presque monochrome –, qui prend son essor dans les années 1630, surtout chez les paysagistes – Jan van Goyen et ses émules – et les peintres de natures mortes – Pieter Claesz. et les siens –, chaque artiste est à même de produire plus de tableaux par an qu'auparavant. Le marché aurait été saturé et les prix se seraient effondrés si le pays n'avait pas alors connu une réelle prospérité économique et la mode de couvrir de tableaux les murs des foyers. Ainsi les prix des tableaux ne diminuent qu'à la mesure de l'augmentation de la productivité, sans effet perceptible, autant que l'on peut en juger, sur les gains moyens des artistes. Il y a cependant un énorme écart entre les gains des artistes renommés et ceux des peintres qui travaillent « à la douzaine » ou « dans les galères », c'est-à-dire chez les marchands.

Les ventes se font sur les foires et les marchés en plein air, dans les édifices publics et dans les boutiques des marchands d'art et des peintres. Privé des commandes de l'aristocratie et du clergé, ce marché se détourne des sujets religieux et mythologiques pour se consacrer au seul style « commercialisable » : les paysages (voir Spécialisation), les natures* mortes et la peinture de genre*.

Les prix sont fonction, certes, du format et du tableau, mais aussi du temps qu'il faut pour le peindre. Ainsi les tableaux représentant des personnages, surtout s'ils sont en gros plan, exigent plus de temps que les paysages ou les natures mortes. À égalité de réputation de l'artiste, ils sont aussi plus chers.

La hiérarchie des sujets, chère aux théoriciens contemporains, a probablement joué un rôle subsidiaire dans l'échelle des prix des tableaux vendus sur les marchés plus ou moins anonymes. Les prix sont bien entendu fortement infléchis par la notoriété de l'artiste. Ainsi, quand les tableaux d'histoire* de Govaert Flinck ou Rembrandt* sont vendus entre 1 200 et 1 500 florins, un portrait de Rembrandt atteint 500 florins ; mais, au même moment, Bartholomeus van der Helst, portraitiste à la mode, peut vendre ses œuvres le double. De même, les paysages du grand Josef van Goyen dépassent rarement 30 florins et les natures mortes d'Abraham van Beyeren, si recherchées maintenant, 14 ou 15 florins. Frans van Mieris* voit ses peintures, certes très exceptionnellement, être vendues à des prix exorbitants (1 000 florins à l'archiduc Léopold-Guillaume).

Vermeer peint très peu – d'après les calculs de Montias, deux ou trois tableaux par an dans sa période de maturité. Ses scènes de genre atteignent des prix importants : en 1663, 600 florins pour un tableau à une seule figure et, en 1676, après sa mort et dans une conjoncture désastreuse, 617 florins pour deux tableaux. OZ

Matière et épaisseur

La manière qu'a Vermeer de représenter les objets est très différente de celle de ses contemporains. L'extrême attention qu'il porte à la définition des choses ne s'accompagne nullement de leur description minutieuse : c'est un peintre réaliste qui semble peu se soucier du rendu « réaliste » de la matière. Le dosage et les variations de la lumière* rendent davantage la texture des choses, ce qui est perceptible à leur surface, que leur matière même. Certes, on note des différences dans le traitement des objets : les tapis et les tentures sont souvent peints en petites touches juxtaposées et superposées, qui traduisent leur épaisseur et leur opacité, alors que le verre et le métal sont définis par de simples traits de couleur* brillante et fine qui en expriment la transparence.
On souligne souvent l'effet de suspens qui caractérise les figures de Vermeer ; il tient autant à l'arrêt de leurs gestes qu'au fait que ces personnages semblent saisis en train de nous apparaître, pris entre la matérialité de la toile et l'immatérialité de l'être.
Le sentiment d'évanescence que suscitent ces peintures procède d'une volonté de dématérialisation du monde de la représentation. Ce que le peintre transcrit sur la toile, c'est l'univers visible, perceptible et non la réalité tangible des choses. Il ne tient nullement à créer un effet de vérité par une technique illusionniste qui donnerait l'objet représenté pour la chose même. Sa peinture ne renvoie à nul autre univers que celui de la représentation ; elle définit les limites du visible, en même temps que le domaine propre de l'art. CaG

« Un maître diantrement original que Van der Meer. On pourrait dire de sa Laitière *que c'est l'idéal cherché par Chardin : même peinture laiteuse, même touche aux petits damiers de couleur fondus dans la masse, même égrenure beurrée, même empâtement rugueux sur les accessoires. »*

E. et J. de Goncourt, *Journal*, 1861.

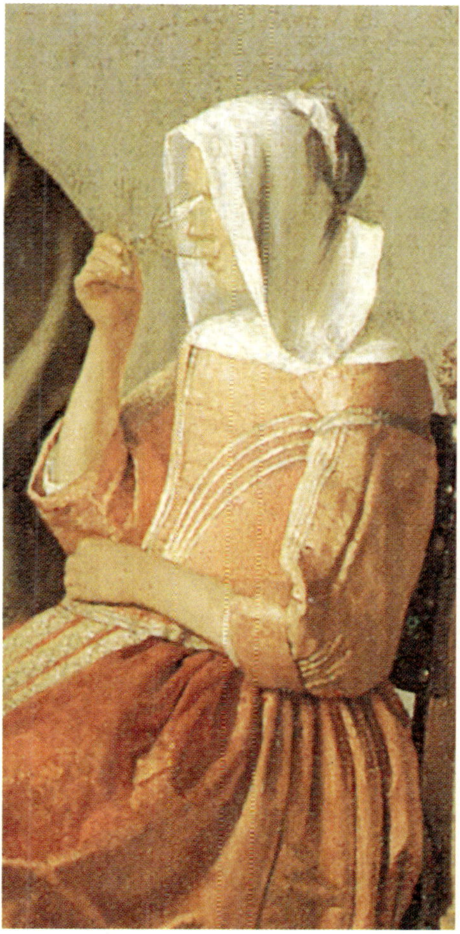

La Dame buvant avec un gentilhomme (détail), v. 1600-1661. Berlin, Gemäldegalerie.

MÉCÉNAT OU COMMERCE ARTISTIQUE
Les protecteurs de Vermeer

Dans un pays prospère où les collections sont particulièrement riches, quelques mécènes permettent aux artistes de se prémunir pour un temps des vicissitudes du commerce et du marché* de l'art. La Maison d'Orange* entretient par ses commandes certains des plus éminents peintres d'histoire*, flamands aussi bien qu'hollandais (Gonzales Cocques, Gérard van Honthorst, Jacob Jordaens). Rembrandt*, dans sa jeunesse, profite des commandes de Constantijn Huygens dont l'influence à la cour d'Orange est primordiale.
Le peintre de genre Gérard Dou* bénéficie du mécénat de Pieter Spiering Silvercroon, le « résident » à La Haye du royaume de Suède. Frans van Mieris* a pour mécènes Côme III de Médicis et l'archiduc Léopold-Guillaume tandis que quelques amateurs (Vredenburg, Isaac Michielsz, Gerard et François de le Boe Sylvius) revendent parfois ses tableaux. Par ailleurs, certains peintres vendent par contrat leur future production à d'avérés négociants. La frontière apparaît donc vague entre le collectionneur-mécène et le marchand.
Vermeer, quant à lui, a au moins un mécène : Pieter Claesz. van Ruijven – un parent assez proche de Pieter Spiering, le commanditaire de Van Mieris. Van Ruijven lui prête de l'argent au début de sa carrière, lui lègue 500 florins dans son testament rédigé en 1665 et lui achète un ou deux tableaux par an. Il finit par en accumuler vingt, dont *La Dentellière** ou la *Vue* de Delft*, qu'il lèguera à sa fille, Magdalena Pieters. Après la mort prématurée de cette dernière en 1682, la collection de Van Ruijven échoit au mari de Magdalena, Jacob Dissius. Elle est finalement vendue à Amsterdam en 1696, un an après la mort de Dissius. Le boulanger et prêteur sur gages, Hendrick van Buyten, que Monconys avait visité en 1663, fut aussi acquéreur de tableaux de Vermeer. Il lui en acheta un de son vivant et en obtint deux de sa veuve contre l'annulation d'une dette de 617 florins correspondant à des achats de pain cumulés de plusieurs années. La peinture « fine » pratiquée par Dou, Van Mieris et Vermeer exige tant de temps et de travail qu'elle ne peut être exercée à la longue sans l'aide de commanditaires. OZ

En haut, à droite : Gabriel Metsu, *La Leçon de virginal*. H/t 320 × 245. Paris, Louvre.

Frans van Mieris, *Le Duo*, 1658. Huile sur bois 32 × 25. Schwerin, Staatliche Museum.

Metsu (Gabriel)

L'œuvre de Metsu a suivi une évolution assez similaire à celle de Vermeer. Débutant par des peintures d'histoire*, elle s'épanouit jusqu'à son achèvement dans la représentation de scènes de genre*, en excluant presque totalement les sujets religieux. Metsu est né en 1629 à Leyde. Durant ses années d'apprentissage, il travaille sans doute dans l'atelier de Gérard Dou* où il apprend la technique des « peintres fins ». Lorsqu'il s'installe en 1657 à Amsterdam, il se lance dans la scène de genre qui lui assure une grande célébrité. Influencé par Ter Borch* puis par Vermeer à partir de 1660, il commence à peupler ses intérieurs d'un nombre restreint de personnages, occupés à jouer de la musique* ou à écrire des lettres*. Metsu reste cependant plus anecdotique et développe une gamme de sentiments, simples et familiers, que l'on ne trouve pas dans l'iconographie* vermeerienne. Il peint, entre autres, des sujets tendres comme celui d'une mère veillant son enfant (*L'Enfant malade*, Amsterdam), ou populaires, comme des scènes de marché. GC

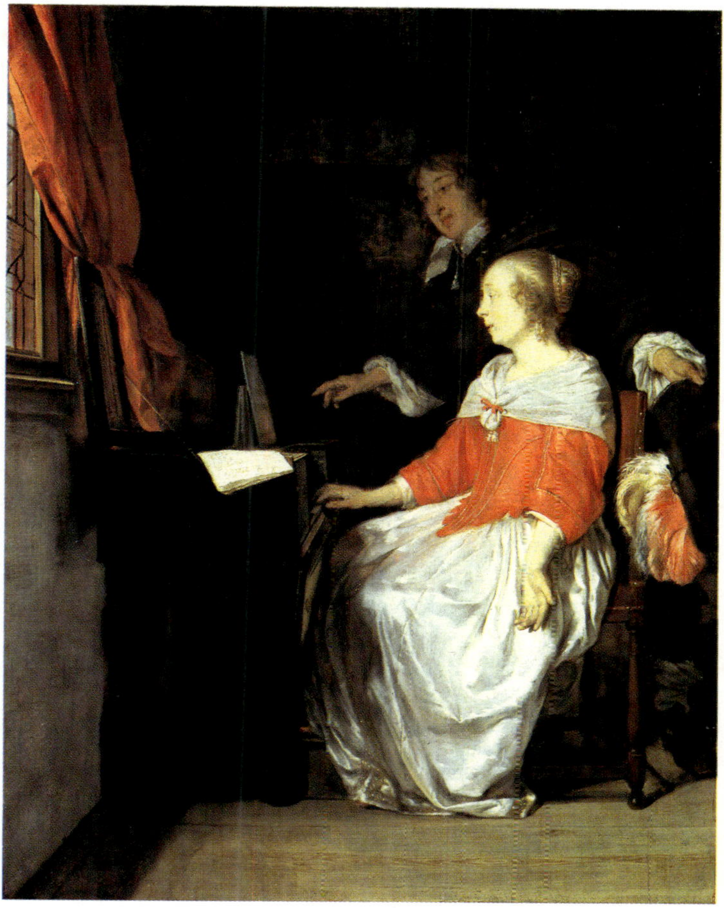

Mieris (Frans van)

Van Mieris (1635-1681) est un peintre qui a beaucoup compté dans l'élaboration du style de Vermeer. Il s'installe à Leyde et rentre très vite dans l'atelier de Gérard Dou* où il se révèle le « prince [de ses] élèves ». Il possède de nombreux clients en Europe et ses œuvres dépassent facilement 300 florins dès le début des années 1660. Il dépense cependant très rapidement sa fortune par une vie dissolue et meurt ruiné à 46 ans.

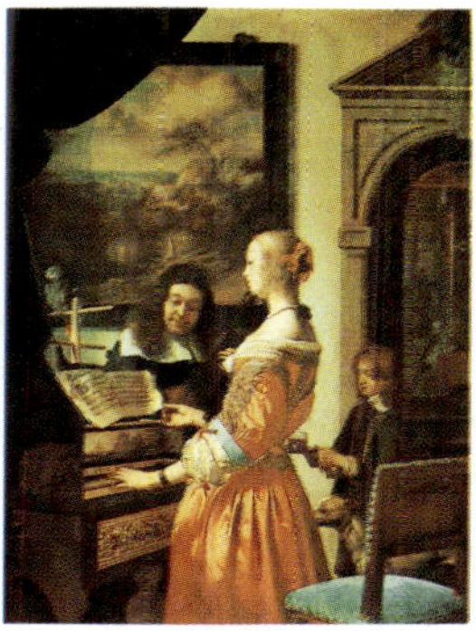

Grâce à sa rencontre avec Van Mieris – certainement à l'occasion d'un voyage à Leyde –, Vermeer hérite à la fois des leçons de Rembrandt*, natif de la ville, et de celles de Dou. Autour des années 1663-1664, l'influence de l'œuvre de Van Mieris se fait sentir de manière évidente dans la peinture de Vermeer qui adoucit alors son style et atténue l'éclairage de ses scènes de genre, leur donnant une élégance que Van Mieris avait poussée à l'extrême. GC

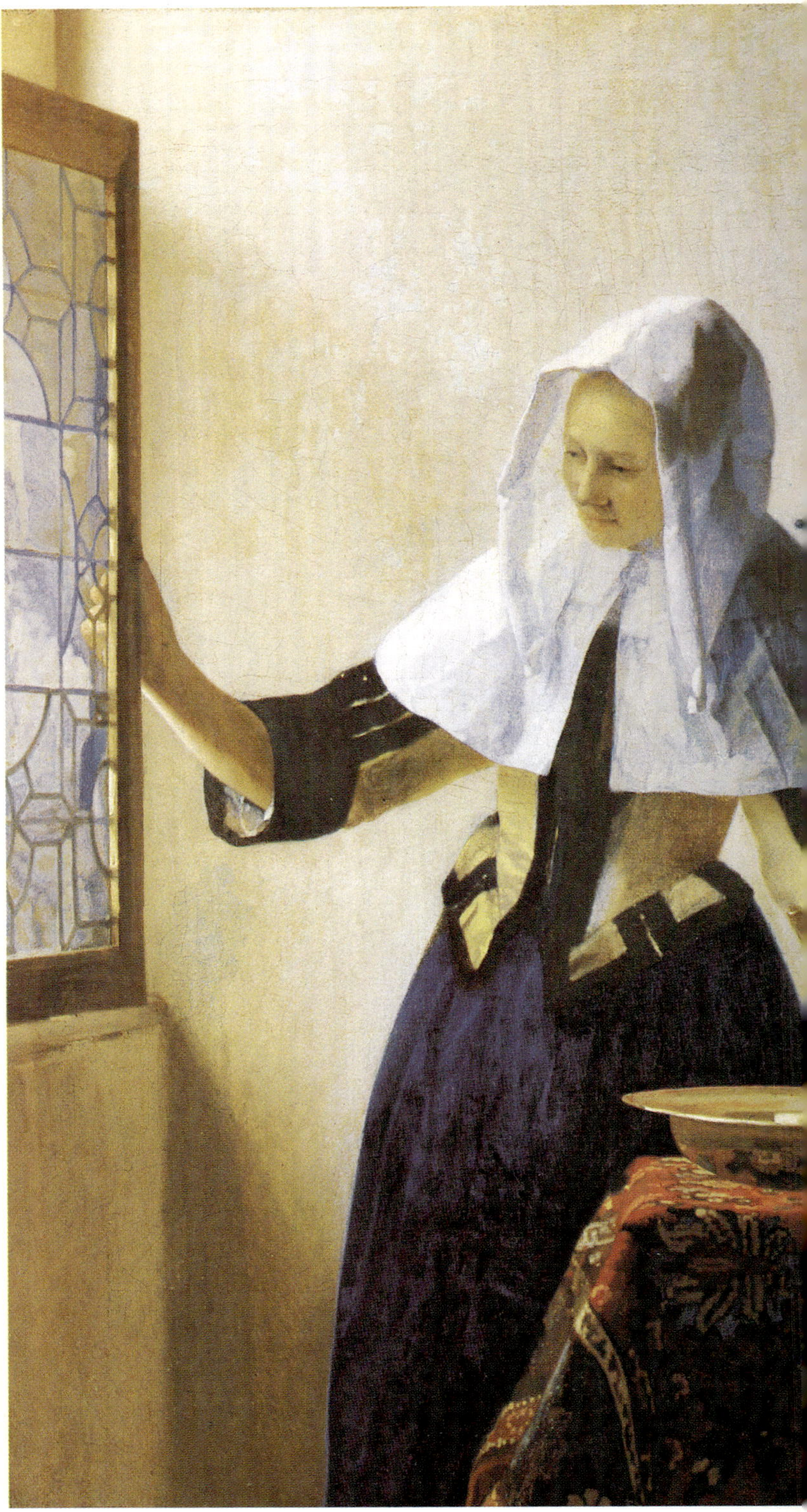

Mobilier : le répertoire du peintre

Les tableaux de Vermeer représentent, avec une répétition obsédante, un petit nombre d'objets. Ceux-ci, méticuleusement peints, laissent penser, par leur récurrence, que Vermeer retranscrit, avec parfois quelques libertés, ce qui constituait son cadre de vie. On retrouve ainsi dans les peintures reproduites sur les murs des intérieurs (voir Citations) les toiles qu'il possédait et qui ornaient ses propres murs.
À ce répertoire intime, on peut ajouter le globe du *Géographe* (ill. p. 17) et de *L'Allégorie de la Foi**, le livre de *L'Astronome**, si fidèlement copié que James Welu a pu identifier l'édition utilisée, et, bien évidemment, les cartes*. Dans le testament de Maria Thins (voir Bolnes) on trouve mentionnée une cruche à vin en vermeil, objet assez rare et précieux pour qu'on puisse l'associer à celle reproduite dans *La Femme à l'aiguière* (New York). L'inventaire* après décès de Vermeer décrit d'autres objets familiers utilisés régulièrement dans sa peinture : les chaises à têtes de lion, une boîte en ivoire (*Jeune femme en jaune écrivant une lettre,* Washington), un crucifix en ivoire (*Allégorie de la Foi*), une canne à pommeau d'ivoire, l'appui-main du peintre dans *L'Atelier**. Les virginals ont probablement été exécutés à partir d'un modèle unique appartenant à Maria Thins. Les tapis, dont les motifs changent peu, appartiennent également au mobilier que Vermeer utilise comme le vocabulaire d'un langage personnel dont il retravaille certains accents – les couleurs*, les tailles – pour les besoins de sa compositions. GC

Moderne : peindre la vie contemporaine

La scène de genre* est ce qui représente le mieux et le plus complètement l'art hollandais du XVIIe siècle. Cependant, voir dans la peinture de genre et ses représentations de la vie contemporaine le seul mode pictural apprécié de l'époque serait une erreur. Il est vrai que ces thèmes sont très prisés par la bourgeoisie* qui aime y retrouver tout ce qui la distingue. Mais la peinture de genre reste pourtant tributaire d'une hiérarchie esthétique qui existe à l'époque de Vermeer et qu'un courant classique, dont le peintre Gérard de Lairesse (1640-1711) est le plus actif représentant, se charge de défendre et de rappeler. L'occupation la plus noble qu'un artiste puisse avoir est sans nul doute la peinture d'histoire*. Aux yeux des théoriciens et des artistes soucieux de donner à la peinture un statut d'activité intellectuelle, la scène de genre manque de règles précises et d'une théorie qui serait à même de les établir. De plus, le style « moderne » – opposé à l'« antique » –, en prenant comme unique sujet la vie contemporaine, est prisonnier des modes qu'il se contente de reproduire servilement et est ainsi condamné à disparaître avec l'époque qu'il illustre. GC

Mort (la) : le « Memento mori » des moralistes

La nature morte hollandaise est souvent désignée par le terme de « vanité », repris du *Livre de l'Ecclésiaste* qui dit : « Vanité des vanités, tout est vanité. » Elle développe toute une emblématique de la mort, destinée à rappeler aux hommes la brièveté de leur passage sur terre et la nécessité de méditer sur les fins dernières. *La Peseuse* d'or* de Vermeer (Washington), placée devant une représentation du jugement dernier, illustre le même propos. Le crâne est par excellence l'instrument de ces méditations : il souligne, plus que tout autre objet, la nature transitoire des êtres et postule la vanité de la chair, destinée à la putréfaction et à la poussière. Le papillon et la libellule symbolisent la vie après la mort, récompense d'une vie vertueuse ; la mouche et le perce-oreille rappellent le péché originel et, plus généralement, la brièveté de la vie.
Effet pervers, la vanité en vient à inciter le spectateur à jouir des plaisirs d'une vie éphémère.

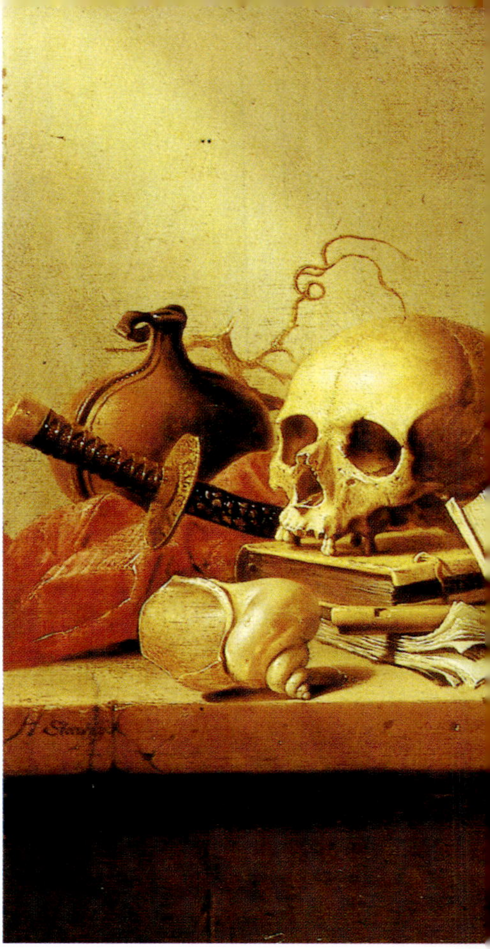

Double-page précédente : *La Femme à l'aiguière*, v. 1664-1665. H/t 45,7 × 40,6. New York, The Metropolitan Museum of Art.

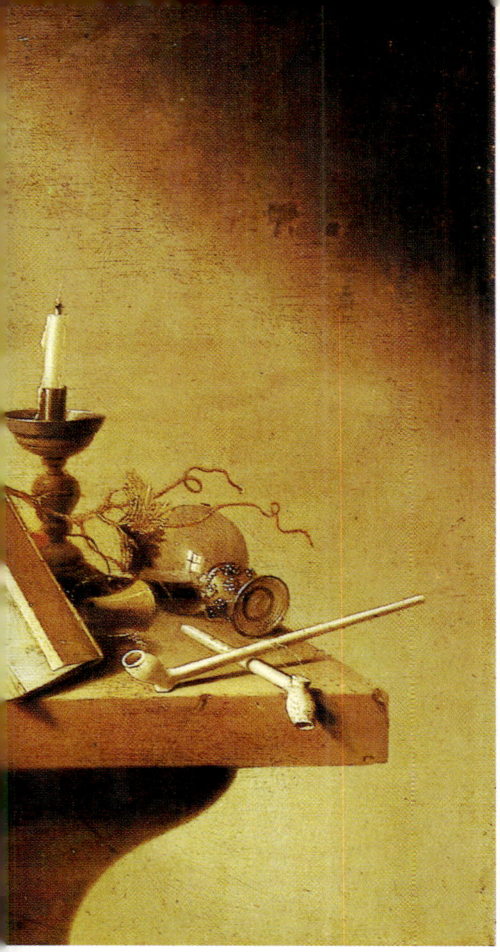

Harmen van Steenwijck, *Nature morte.* H/b 37,7 × 38,2. Leyde, Stedelijkmuseum, « De Lakenhal ».

De fait, ces entassements d'objets dont la valeur symbolique est indéniable, ne renvoient-ils pas aussi à une réalité de la société hollandaise, à son progressif enrichissement, à son goût pour le confort et les objets de luxe ?
Pourtant, bien qu'il y ait un plaisir certain de l'artiste à dépeindre ces objets en détail, plaisir partagé par le spectateur, la valeur symbolique de chacun de ces éléments demeure. Les bougies qui se consument, les horloges et les sabliers énoncent la marche du temps ; les fleurs fanées, les fruits piqués, le destin commun ; les miroirs dénoncent la vanité des apparences, la peinture elle-même rappelle que tout n'est qu'illusion. CaG

Musique et musiciens

L'instrument de musique occupe une place importante dans la peinture de Vermeer. Abandonnés dans un coin de la pièce (*La Dame buvant avec un gentilhomme,* ill. p. 54) ou sujets principaux de la scène, on découvre des luths (*La Lettre d'amour,* ill. p. 82), des violes de gambe (*Une dame assise au virginal,* ill. p. 40), des virginals (*La Leçon de musique,* Londres, ill. p. 92-93), une guitare (*La Joueuse de guitare,* Kenwood) et un clavecin (*Le Concert à trois,* Boston, ill. p. 45).
Cet intérêt pour la musique est en partie dicté par les règles de la scène de genre* qui trouve, dans les concerts intimes, l'occasion d'anecdotes galantes. *La Leçon de musique* montre, comme *Le Duo* de Mieris* (Schwerin) ou *Le Duetto* de Metsu* (Londres), comment ces exercices musicaux qui réunissent hommes et femmes, mettent en jeu beaucoup plus que des notes. La musique, souvent associée au vin*, permet d'établir un « accord » amoureux entre les personnages. Le jeune homme de *La Leçon de musique* est, à l'image du père emprisonné et nourri par le sein de sa fille dans *La Charité romaine* accrochée derrière lui, prisonnier de l'amour qu'il porte à la jeune fille (Gowing). Vermeer reproduit parfois, à l'arrière-plan de ses sujets musicaux, un Cupidon brandissant une carte à jouer, emblème de la fidélité recommandée en amour (*Une dame debout au virginal,* Londres, ill. p. 52).
Mais cet intérêt pour la musique révèle aussi un goût sincère et personnel de Vermeer.

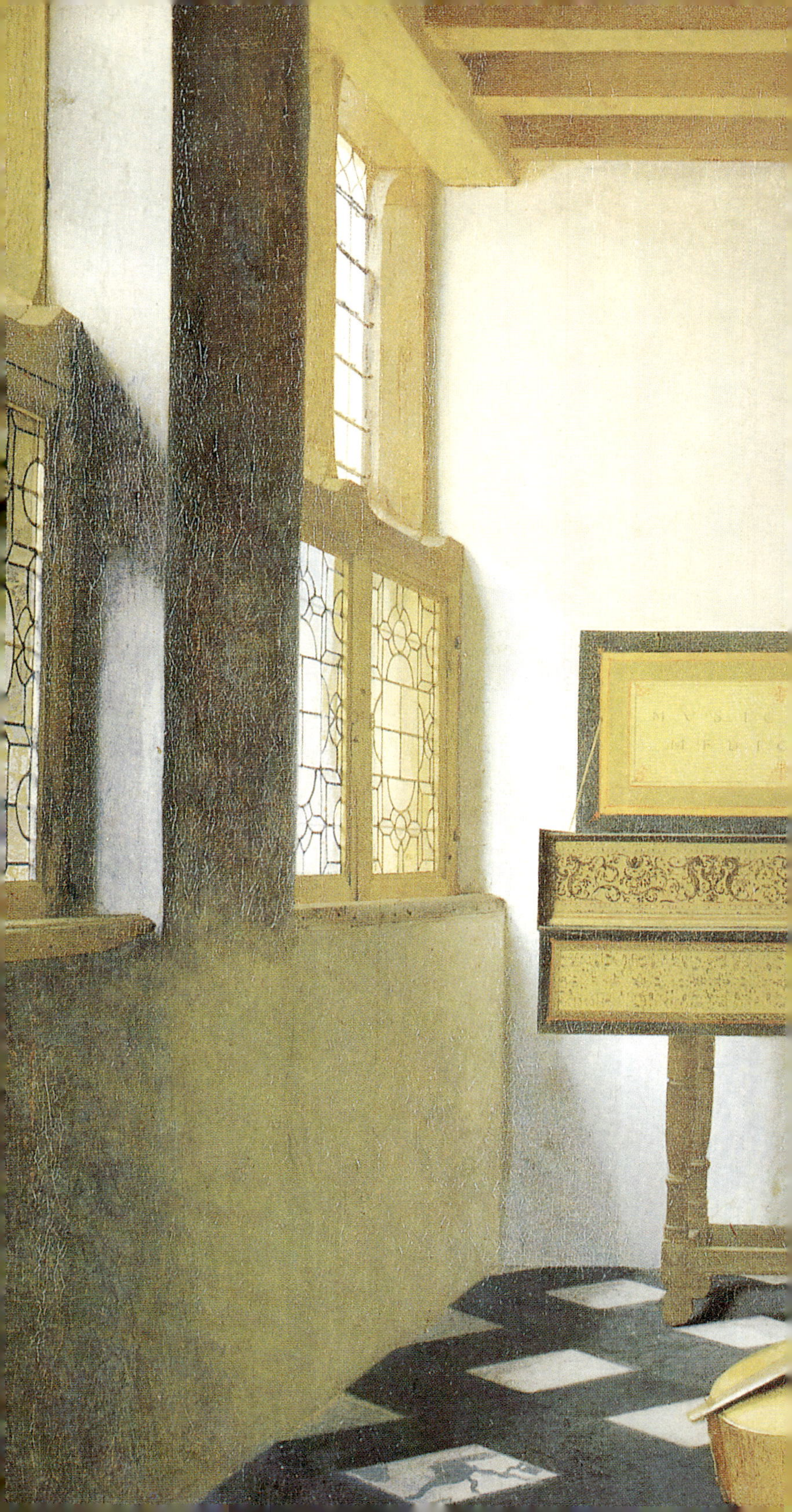
M V S I C

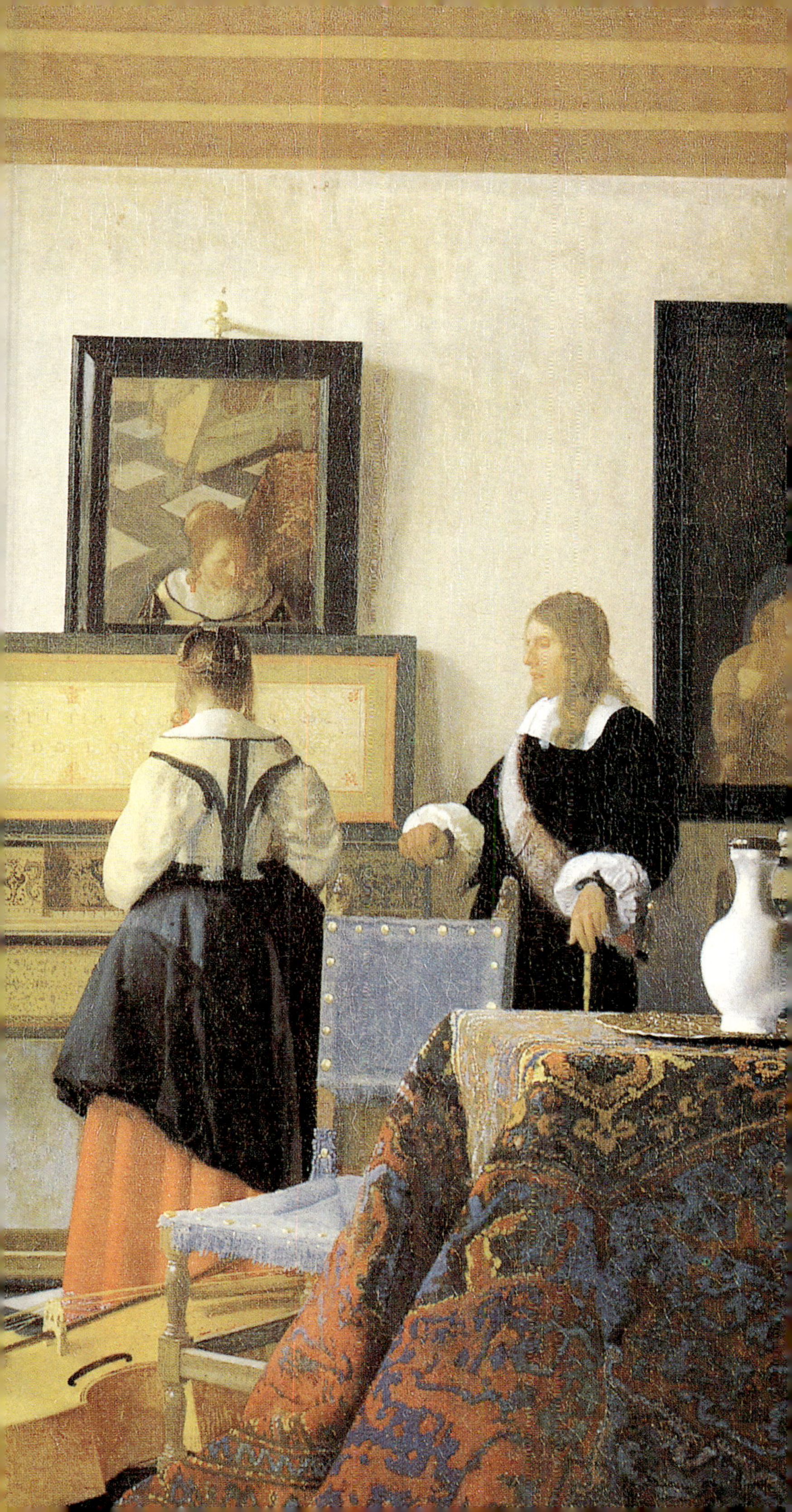

Double-page précédente : *La Leçon de musique* (détail), v. 1662-1664. Londres, Buckingham Palace.

Son père, qui jouait de la flûte ou du chalumeau, a probablement transmis à son fils cette passion. Vermeer jouait avec un groupe d'amis et participait à des concerts. Il s'est d'ailleurs représenté dans son autoportrait* supposé de *L'Entremetteuse* (ill. p. 43) tenant une sorte de cistre à la main. GC

Nassau (Frédéric-Henri d'Orange).
Voir Orange

NATURE MORTE
Dans le silence de Vermeer

Le succès de la nature morte aux Pays-Bas* est indéniable. Sa valeur décorative et son prix relativement modique la rendant accessible à un large public, on la trouve dans de nombreux intérieurs*.

Pour les artistes, elle constitue un champ d'expérience privilégié. Libérés de la contrainte du sujet, ils se concentrent tout d'abord sur les problèmes techniques que pose la peinture. Le choix des objets ainsi que leur organisation dans l'espace, la composition, expriment, par ailleurs, leur sensibilité. Les peintres offrent ainsi leur expérience de la beauté du monde visible qu'ils s'emploient à décrire. Leur attention se fixe plus particulièrement sur la lumière* et les variations qu'elle fait subir au rendu des objets. Ce goût de la description se porte sur l'ensemble des qualités de la matière* : analyse minutieuse de la surface, de la texture, du grain, mais aussi des parties internes, souvent mises à jour. La nature morte connaît le même phénomène de spécialisation* qui joue pour les genres : tables dressées, bouquets de fleurs, corbeilles de fruits, peintures de poissons, de coquillages, de gibiers, etc. Chaque peintre est apprécié pour son aptitude particulière à rendre qui le brillant des écailles, qui les reflets de lumière sur le verre ou le métal, qui la fragilité et le soyeux des pétales. Tous ces tableaux semblent étrangement animés ; le rendu illusionniste participe de cet effet. La nature morte est aussi un jeu destiné à prendre au piège des sens le spectateur qui la contemple, pour mieux le détromper ensuite : ce qu'il prenait pour la réalité n'est qu'une apparence. L'image n'est qu'un leurre, la peinture, une vanité. CaG

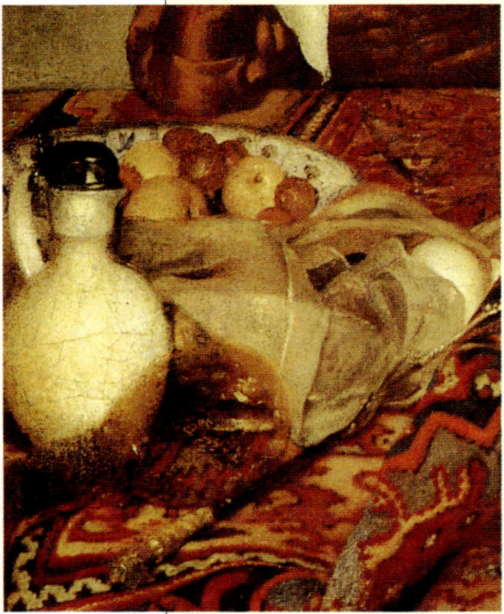

La Jeune Fille endormie (détail), v. 1657. New York, The Metropolitan Museum.

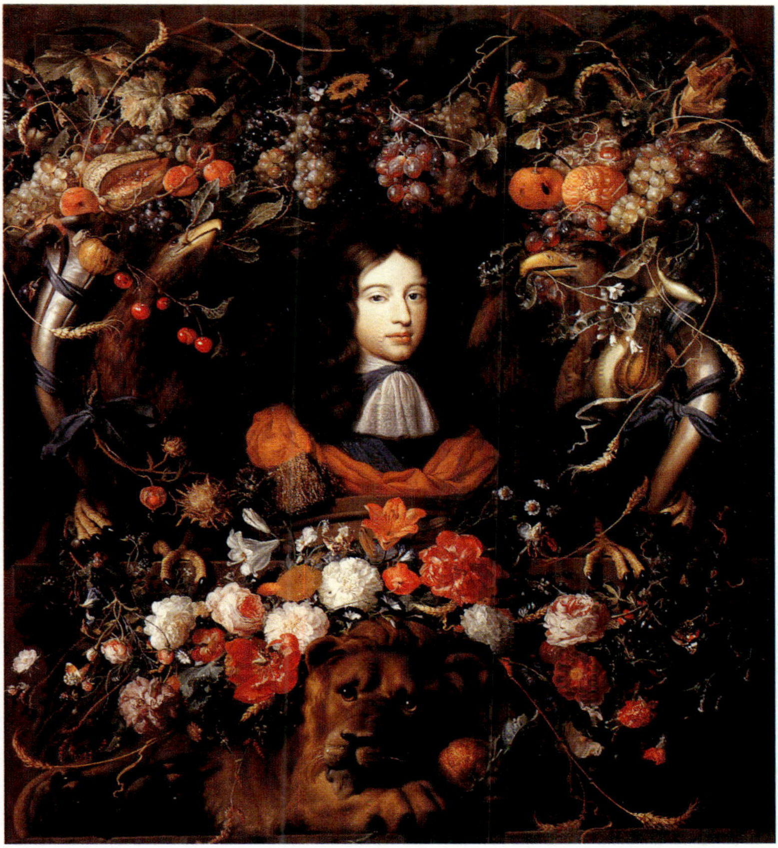

Orange (Maison d')

La Maison d'Orange-Nassau – d'origine allemande et héritière de la principauté d'Orange (France) et de territoires des Pays-Bas* – donne à la République ses grands stathouders. Ceux-ci incarnent le pouvoir militaire face au pouvoir civil des régents et des pensionnaires.

Fédération de provinces gardant leurs prérogatives en matière de monnaie, de justice, de législation et de religion, la République n'est pas dotée d'un pouvoir central fort. Au XVIIe siècle, les stathouders auraient pu incarner ce pouvoir, jouissant d'une grande popularité due à leur rôle dans la guerre d'Indépendance. En témoigne le véritable culte patriotique dont est l'objet le mausolée de Guillaume le Taciturne (1533-1584) élevé dans la Nieuwe Kerk de Delft*, une ville où il vécut longtemps. Belliciste, parfois alliée aux calvinistes intransigeants et partisans de la reconquête des Flandres espagnoles, la Maison d'Orange, sachant jouer des divisions, oppose son patriotisme à la politique mercantile des pensionnaires de Hollande. Par deux fois, le conflit entre ceux-ci et les stathouders finit par la mort du Grand pensionnaire : en 1619, Jan van Oldenbarnevelt (1547-1619), artisan de la trêve de 1609 et favorable à l'autonomie de la Hollande, est exécuté ; en 1672, Jan de Witt (1625-1672) est tué par la foule après que le stathouder Guillaume III eut sauvé son pays des Français. OZ

Jan Davidsz. de Heem, *Guirlande de fleurs et de fruits avec le portrait de Guillaume III d'Orange.* H/t 134 × 114. Lyon, musée des Beaux-Arts.

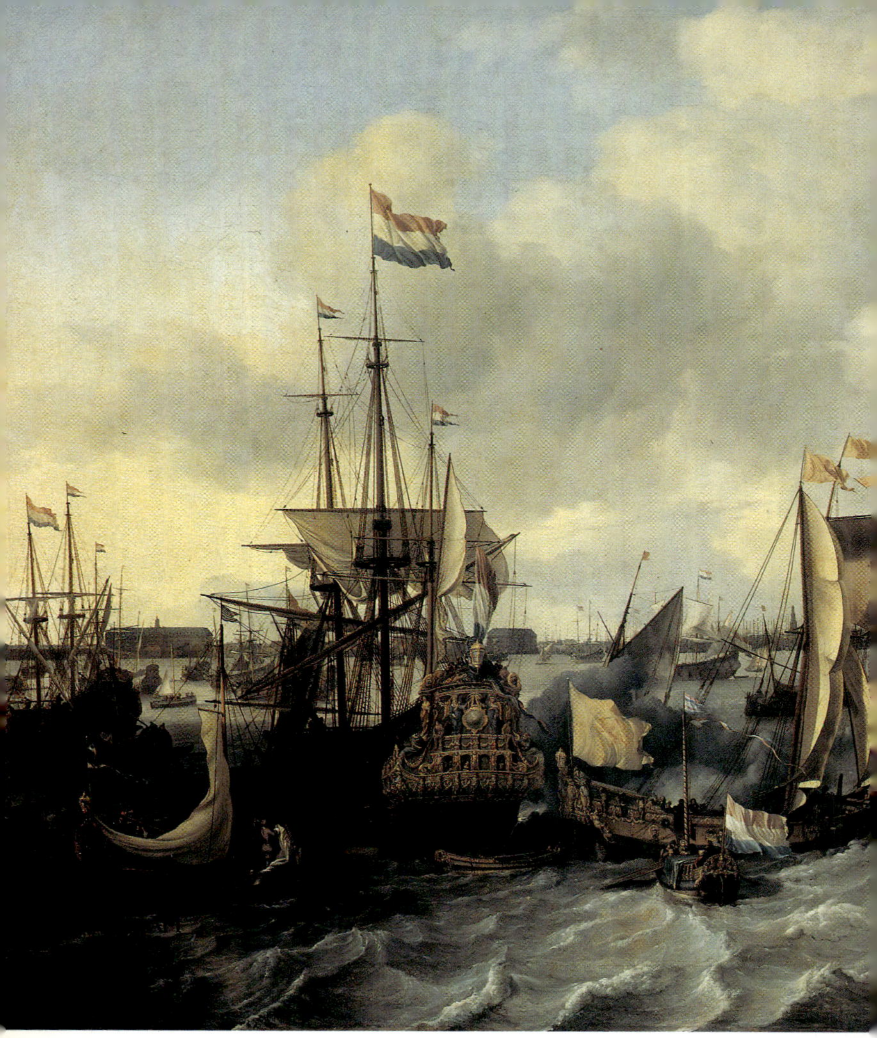

Pays-Bas, république et puissance maritime

La république des Pays-Bas naît à la suite des révoltes survenues entre 1566 et 1572 dans les anciens Pays-Bas bourguignons, alors sous domination espagnole. Le centralisme grandissant de l'État espagnol et la répression plus sévère de l'Inquisition provoquent des troubles (voir Iconoclasme) puis une longue guerre – interrompue de 1609 à 1621 lors de la « Trève de douze ans » – qui dévaste le Sud du pays jusqu'en 1648. En 1579, les sept provinces calvinistes du Nord (Provinces-Unies) forment l'Union d'Utrecht qui consacre leur sécession. Le Traité de Münster, signé lors de la paix de Westphalie en 1648, reconnaît leur indépendance, tandis que ce qui sera l'actuelle Belgique reste sous le joug de l'Espagne catholique pour constituer les Flandres espagnoles. Ce long conflit, opposant une petite nation à une grande puissance comme l'Espagne, ainsi que le rôle important des calvinistes dans cette lutte, donnent au patriotisme hollandais une tonalité particulière : la conscience d'appartenir à une nation élue de Dieu qu'il a sauvée de l'oppression parce qu'elle a choisi la vraie foi ; doublée du sentiment d'avoir, comme les Hébreux, une alliance avec Lui.

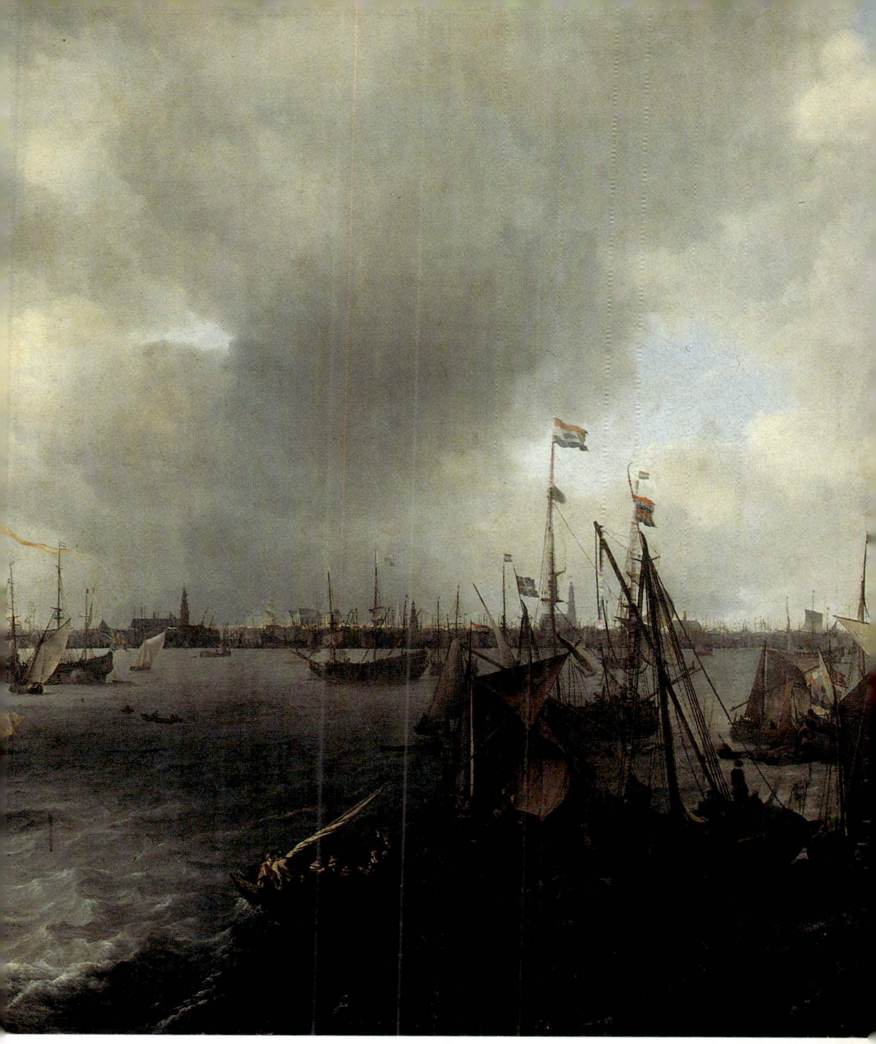

Ludolf Backhuyzen (1631-1708), *Le Port d'Amsterdam vu de l'Ij.* H/t 128 × 221. Paris, Louvre.

Trois provinces, la Hollande, la Frise et la Zélande, assurent, par leurs flottes marchandes et militaires, la domination commerciale et maritime des Provinces-Unies en Europe, au moins entre 1640 et 1680. La Compagnie des Indes orientales et la Compagnie des Indes occidentales essaient d'accaparer le monopole des échanges avec l'Asie et les Amériques, aux dépens du commerce des deux autres puissances coloniales : le Portugal et l'Espagne. L'Angleterre en souffre parfois aussi.
Le commerce extérieur de la Hollande bénéficie d'un système bancaire relativement développé pour l'époque. L'éthique calviniste* joue également un rôle important sur le plan économique : glorifiant le travail et autorisant le prêt, elle est étroitement liée à l'essor du capitalisme. Elle contribue aussi au développement des principes de la démocratie politique et des valeurs culturelles.
République au sein des monarchies européennes, les Pays-Bas cultivent une certaine liberté d'expression – Descartes y publie toutes ses œuvres – qui va de pair avec la progression des sciences (Anthonie van Leeuwenhoeck, Constantin et Christian Huygens) et le développement de la pensée philosophique (Baruch Spinoza). OZ

Paysage et marine.

Voir Spécialisation

Perdus, retrouvés, rejetés (tableaux)

Vermeer a peu peint mais on estime qu'une vingtaine de toiles pourrait être ajoutée à son œuvre. Une *Visite au tombeau* (les trois Marie au sépulcre), une peinture de *Jupiter, Vénus et Mercure* – qui serait le seul exemple, avec *Diane et ses compagnes* (ill. p. 32) d'une toile mythologique de la main de Vermeer –, une scène montrant *Un homme et une femme jouant de la musique*, une *Femme à sa toilette*, une *Tête de jeune fille* qui se rapprochait sans doute de *La Jeune* Fille au turban* ou du *Portrait d'une jeune fille* (New York) et une *Vue de maison de Delft* composent une partie de cet autre catalogue, invisible, de l'œuvre de Vermeer. Plus étrange est ce *Portrait de Vermeer avec accessoires* mentionné au XVIIe siècle.

Mais dans ces listes ont pu se glisser, au cours des siècles, des copies* à la manière de Vermeer, parfois même des faux. La toile représentant *Sainte Praxède* (Princeton, The Barbara Piasecka Johnson Collection Foundation), copie d'une œuvre du florentin Ficherelli et signée du nom de Vermeer, continue à provoquer des querelles de spécialistes autour de son authenticité. Les deux tableaux de Washington (*La Jeune Fille à la flûte* et *La Jeune Fille au chapeau rouge*, ill. p. 23) sont parfois, eux aussi, jugés comme n'ayant pas été exécutés par Vermeer (Montias). *La Jeune Fille au chapeau rouge*, malgré ses innombrables détails vermeeriens, possède quelques « anomalies » qui font douter de son caractère autographe : une position étrange de la figure par rapport à la chaise, les têtes des lions du dossier de la chaise disposées dans le sens contraire de celui que Vermeer leur donne. Cette peinture est, de plus, la seule connue (avec *La Jeune Fille à la flûte*) à avoir été exécutée sur bois et non sur toile. GC

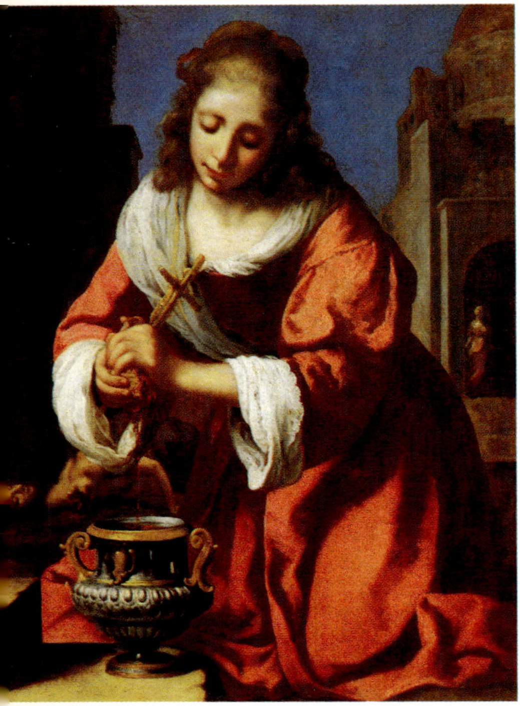

Sainte Praxède, 1655. H/t 101,6 × 82,6. Princeton, The Barbara Piasecka Johnson Collection Foundation.

Perles

Au cou des jeunes femmes, à leurs oreilles, ornant leur chignon, les perles sont les parures de prédilection de Vermeer qui se complaît à jouer des symboliques contradictoires qui leur sont attachées. Le contexte de chaque scène permet seul d'en saisir le sens. Dans la catholique *Allégorie de la Foi**, le collier de perles symbolise le ciel, interprétation traditionnelle depuis les paraboles de l'*Évangile selon saint Matthieu* (7.6-13.46), ou

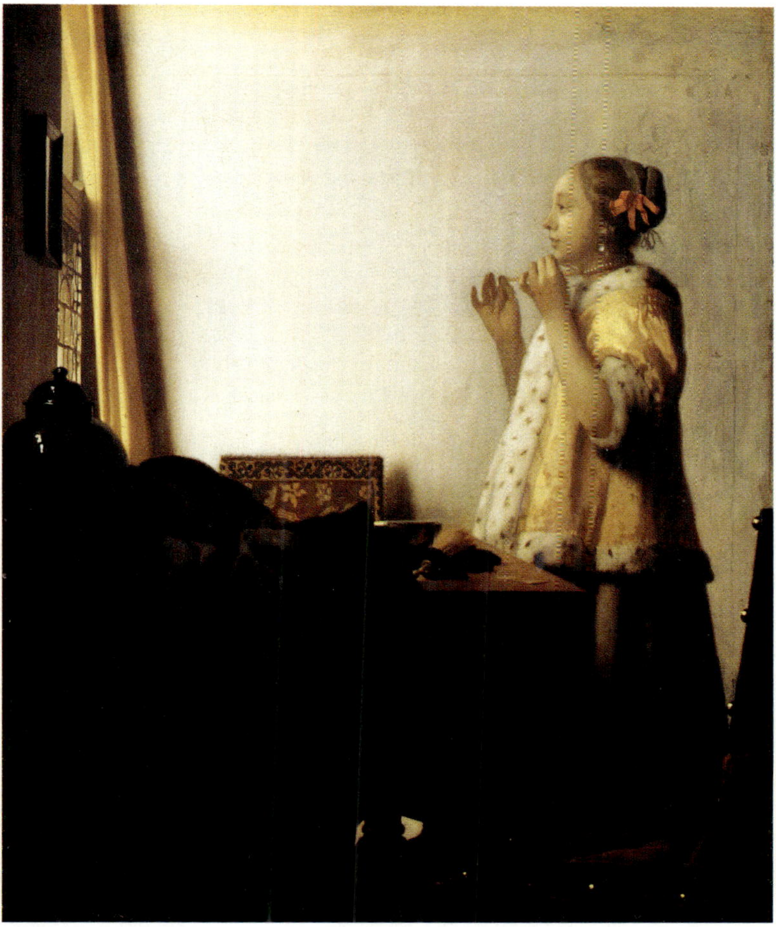

bien encore la Foi, le Christ ou sa Parole. À première vue scène de la vie quoditienne, *Le Collier de perles* (Berlin) dérive de l'iconographie des vanités : une jeune femme à sa toilette serre les rubans de son collier en un geste suspendu par la secrète contemplation de son reflet dans le miroir. Le collier de perles, en tant qu'ornement de la futile et fugace beauté, le miroir, qui renvoie une image fragile et éphémère, ainsi que les artificieux objets de toilette sont les attributs traditionnels de la vanité de la beauté.

C'est peut-être ainsi qu'il faut interpréter les colliers de perles portés par les jeunes femmes placées dans une situation amoureuse, écrivant ou recevant une lettre*, s'adonnant à la musique*. Mais, suprême ambiguïté, Vermeer ne célèbre-t-il pas leur beauté en même temps que celle des perles, comparaison courante en littérature amoureuse ? Les pendentifs de perles de *La Jeune* Fille au turban* (ill. p. 77) et de la jeune femme au voile du *Portrait d'une jeune fille* (New York), hors de tout contexte clair, n'auraient d'autre but que d'exalter la beauté. OZ

Le Collier de perles, v. 1664. H/t 51,2 × 45,1. Berlin, Gemäldegalerie.

PESEUSE D'OR

Ce tableau, que l'on appelle aussi *La Femme à la balance*, reprend un thème classique de la peinture hollandaise. Vermeer aborde une iconographie* bien établie qu'il transforme subtilement pour en faire une œuvre personnelle, affranchie des règles du genre. Une femme se tient devant une table sur laquelle sont disposés plusieurs objets précieux : des pièces et deux coffrets ouverts d'où sortent des perles*. Elle porte une veste bleue bordée d'une fourrure blanche, variation à partir de la veste de satin jaune et de fourrure blanche mentionnée dans l'inventaire* des biens du peintre et qu'il a représentée de nombreuses fois. Face à un miroir, souvent considéré comme l'attribut de la Prudence et de la Vérité, et à côté d'un tableau représentant un jugement dernier, la femme tient délicatement une balance.

Tout en étant généralement acceptée comme une allégorie, *La Femme à la balance* a provoqué de nombreuses interprétations. La forme de sa robe a laissé penser qu'elle était enceinte et qu'elle cherchait à connaître, selon la pratique courante du pesage de perles, le sexe de son futur enfant. On a également voulu voir dans ce geste une action pleine de vanité : la femme soupèserait sa richesse matérielle, insouciante du jugement dernier qui l'attend. Mais, grâce à une étude détaillée de la toile, on s'est aperçu qu'il n'y avait aucune perle, ni d'ailleurs aucun objet sur les plateaux de la balance. L'essentiel de cette scène reste ainsi la balance, dont les plateaux sont maintenus dans un équilibre parfait, et les possibles qu'elle engendre. Vermeer a très habilement composé son œuvre. Il a opéré une distorsion du cadre du tableau accroché sur le mur du fond. Le cadre est plus bas à droite qu'à gauche ce qui permet de dégager le fond sur lequel se détache la balance.

Dans les livres d'emblèmes de l'époque, la représentation d'une femme tenant une balance est fréquente. Cette figure symbolise la Vérité. S'appuyant sur cette tradition, la jeune femme, placée devant un miroir, serait en train de peser le poids de ses actions. Elle pourrait également constituer une critique catholique de la théorie protestante de la prédestination. GC

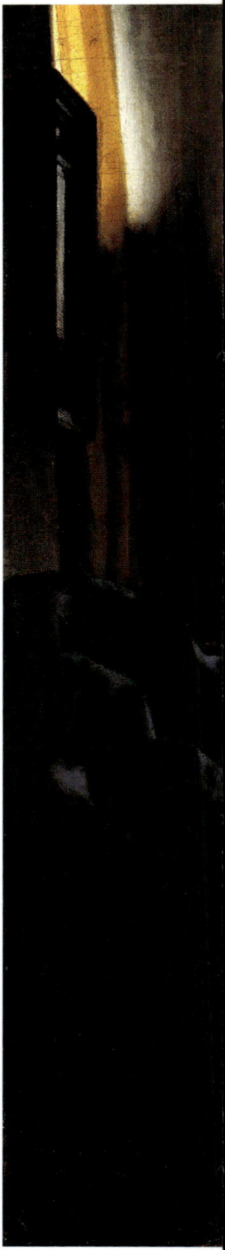

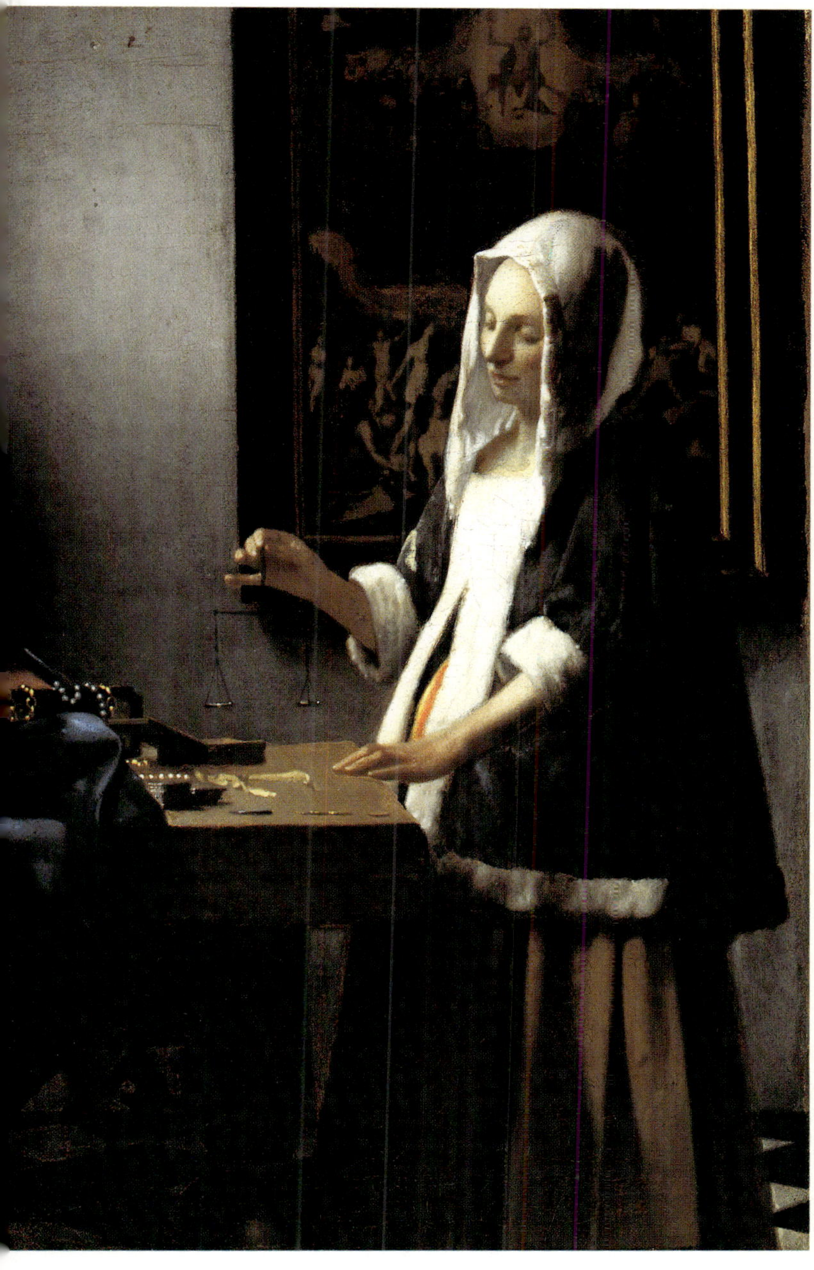

La Peseuse d'or

v. 1664. H/t 40,3 × 35,6. Washington, The National Gallery of Art.

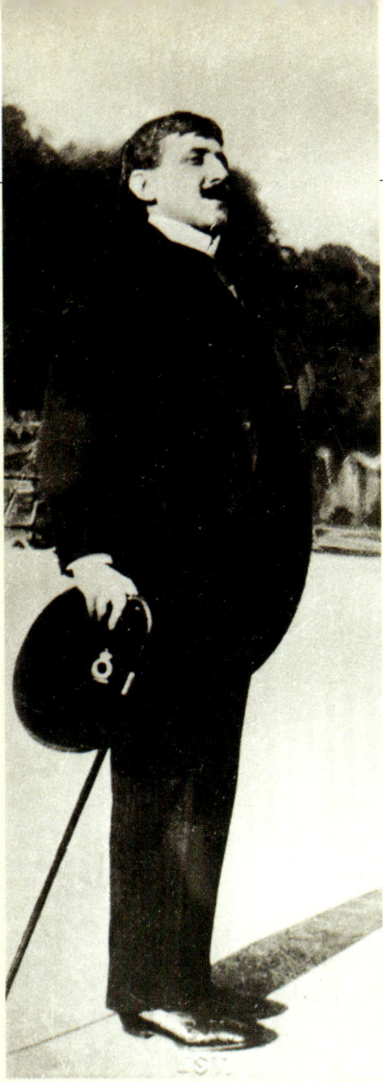

PROUST (MARCEL)
La fascination

Proust (1871-1922) introduit, tout au long de sa *Recherche du temps perdu,* de nombreuses références, plus ou moins développées, à la peinture. Le passage sur le « petit pan de mur jaune », tiré de *La Prisonnière*, est sans doute le plus connu. Dans cet extrait, Bergotte, esthète admiré par le narrateur Marcel, se rend, malade, à une exposition pour regarder la *Vue* de Delft*, « le plus beau tableau du monde », et son précieux détail. Face à la finesse et la ténacité du travail qu'il y découvre, il a subitement la révélation de l'essence de l'art qu'il cherche à atteindre dans sa propre œuvre et meurt devant ce tableau.
Proust révèle ici sa propre expérience, moins dramatique, mais tout aussi capitale. À l'image de Bergotte, il découvre la peinture de Vermeer grâce à son ami, le critique Vaudoyer, qui l'accompagne lors de l'exposition parisienne de 1921. L'intérêt que porte Proust à ce « peintre à peine identifié » contribuera à établir de manière éclatante la nouvelle gloire* de Vermeer. GC

Marcel Proust sortant de l'exposition Vermeer, Paris, 1921.

Reflets vermeeriens.

Voir Lumière

Rembrandt et son atelier

À l'opposé de Vermeer, Rembrandt est un véritable « maître » qui sut établir, par un enseignement presque permanent, une école et, par là même, assurer une large diffusion à son propre style et une forte notoriété à ses œuvres. Le local de Rembrandt était nettement plus important que la petite pièce qu'occupait Vermeer à l'étage de sa maison. Entouré de plus de trente élèves et, pendant de nombreuses années à l'écart de son domicile dans un hangar qu'il louait spécialement, Rembrandt passait beaucoup de temps dans son atelier. Il y avait installé des cloisons en bois pour former des cellules individuelles où chacun pouvait s'adonner, séparément, à la pratique de la peinture et du dessin. Rembrandt dirigeait le travail de ses disciples en leur faisant copier des œuvres antiques ou modernes – le plus souvent à partir de ses propres dessins et non d'originaux – et

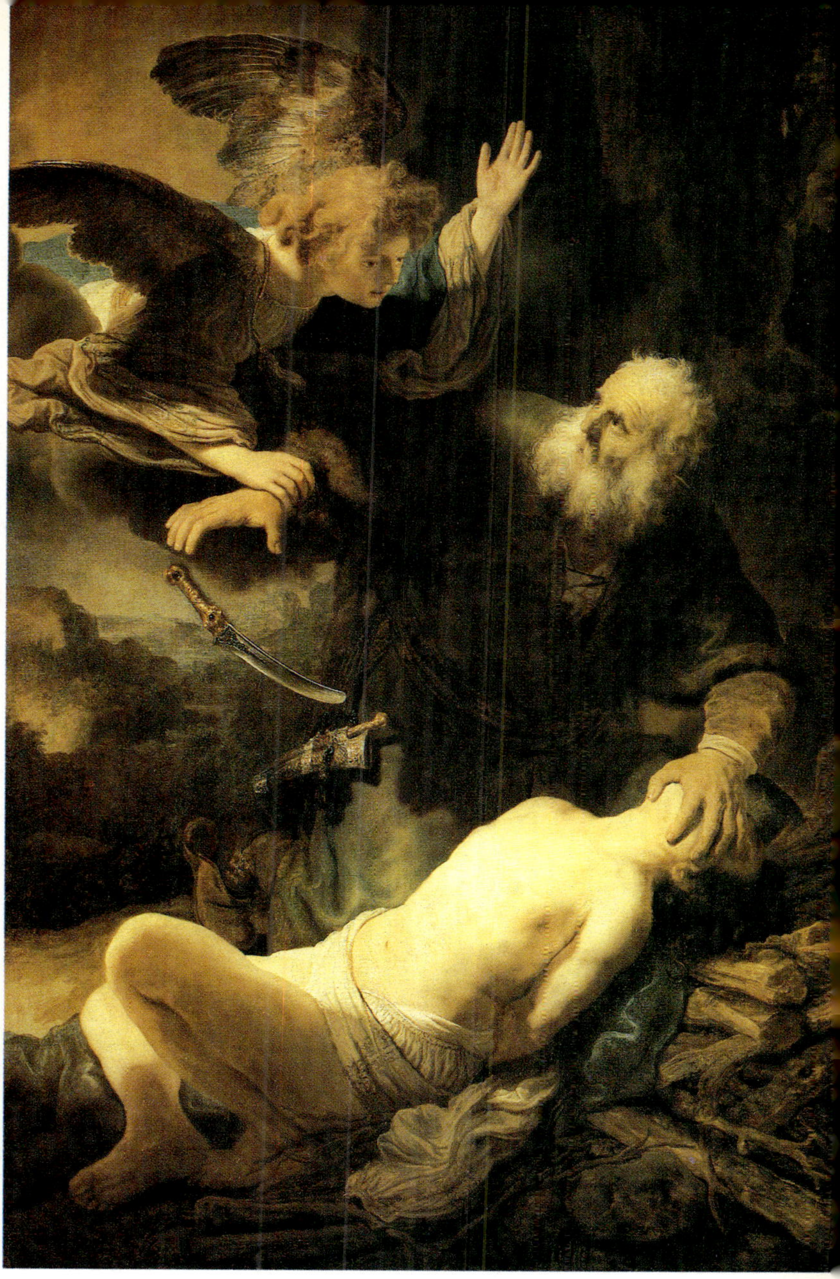

en organisant des sortes de saynètes que ses apprentis jouaient afin de leur permettre de saisir le comportement et les passions des personnages qu'ils seraient amenés à représenter. Certains tableaux de Vermeer – *L'Entremetteuse* (ill. p. 43) notamment –, datant des années d'apprentissage*, laissent supposer que l'artiste a subi l'influence de Rembrandt. Il semble pourtant peu probable qu'il se soit rendu dans l'atelier du maître, et ce sont les élèves de Rembrandt venus d'Amsterdam (voir Foyers) à Delft* au milieu du siècle (Carel Fabritius*) qui lui en transmettront les leçons. GC

Rideaux et tapis.

Voir Mobilier

Rembrandt,
Le Sacrifice d'Abraham, 1636.
H/t 195 × 132,3.
Munich,
Alte Pinakotek.

RUELLE

Lorsque Vermeer peint *La Ruelle*, vers 1657-1658, les vues de villes sont encore un genre* récent. Pieter de Hooch* en est l'un des initiateurs : il réalise en effet à cette époque une série de paysages urbains (voir Spécialisation) dont le cadrage resserré et les jeux de perspective ont pu inspirer Vermeer. On a jadis supposé que le bâtiment représentait la guilde* de Saint-Luc, ou la « Maison des Vieillards », sur le Voldersgracht, qui abritait une chapelle. Ces deux hypothèses ne sont étayées par aucun document. On ne sait pas non plus si cette maison évoque le cadre de vie de l'artiste.

Dans sa conception, la composition est proche de celle de ses scènes d'intérieur* : un point de vue rapproché qui clôt l'espace et, accentuant la verticalité, verrouille l'accès aux fonds. Les murs et les fenêtres* jouent pleinement leur rôle en ne laissant rien deviner des volumes intérieurs. La structure très fortement géométrique de l'œuvre renforce cet effet : les lignes directrices sont redoublées par l'appareillage des briques, la partition des fenêtres, le réseau de plomb des vitrages, qui rythment régulièrement la surface. La lumière* en épouse le tracé ; le coloris est clair et le modelé précis grâce, notamment, à la fameuse technique du pointillé.

Cette fermeture de l'espace se double de l'inaccessibilité au monde de la représentation. Les figures sont absorbées dans une activité qui ignore la présence du spectateur. Aucune relation n'est établie entre elles à l'intérieur du tableau : comprises dans un triangle inversé, elles sont orientées dans des directions strictement opposées. Les enfants – très rares dans l'œuvre de Vermeer –, nous tournent le dos, leur activité nous échappe, renvoyant à un espace imaginaire, insaisissable, qui est celui du jeu. Cette indifférence se traduit sur le plan de l'exécution par une indétermination de la forme : quelques touches de couleur* pour le visage et les bras de la femme assise dont la jupe se fond dans l'ombre intérieure ; de même, la robe de la petite fille épouse, dans sa trame, celle du pavage sur lequel elle est agenouillée. CaG

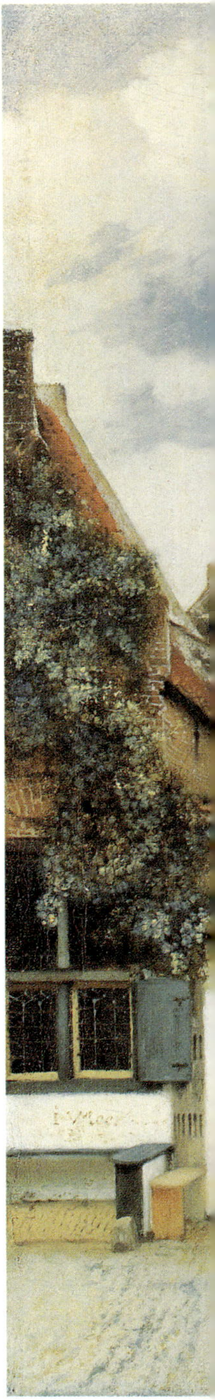

La Ruelle

v. 1657-1658. H/t 53,5 × 43,5.
Amsterdam, Rijksmuseum.

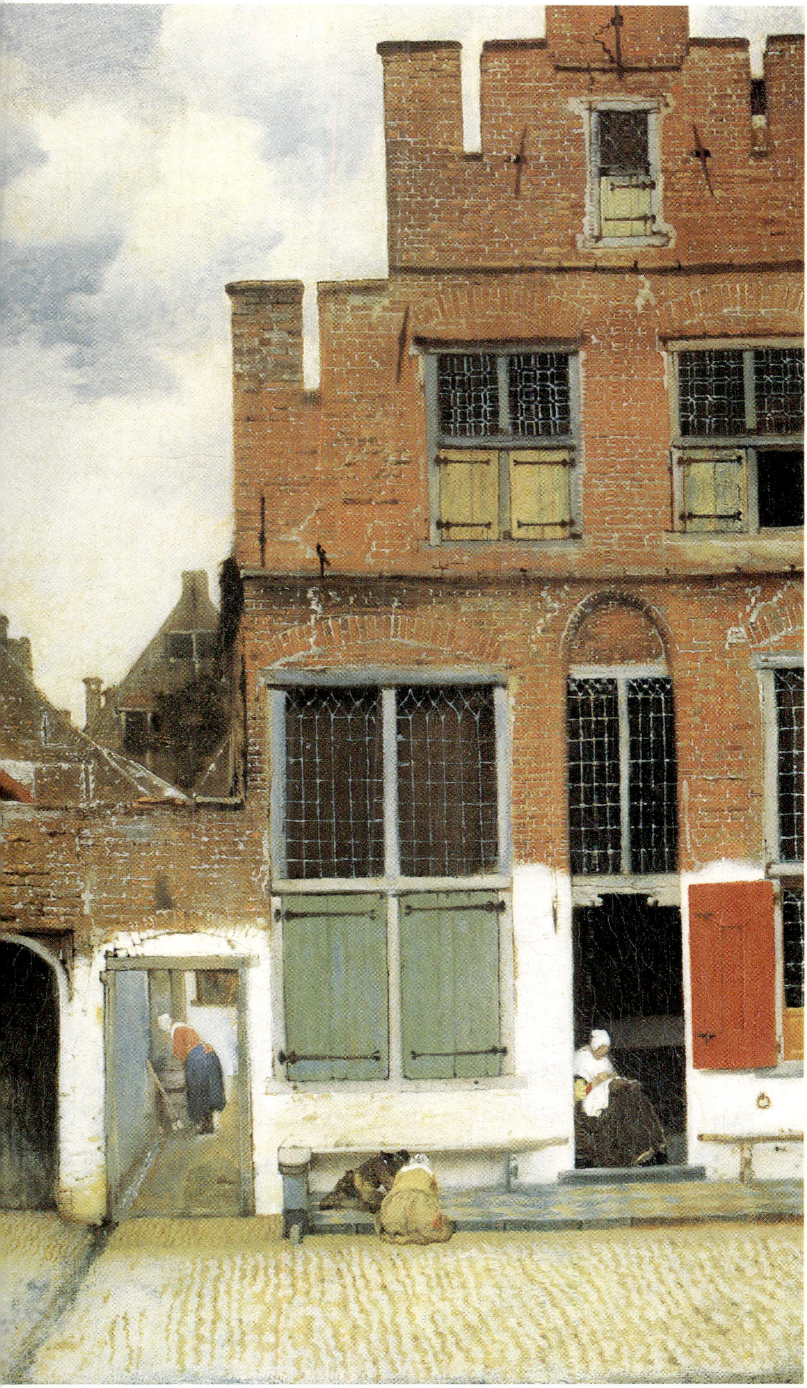

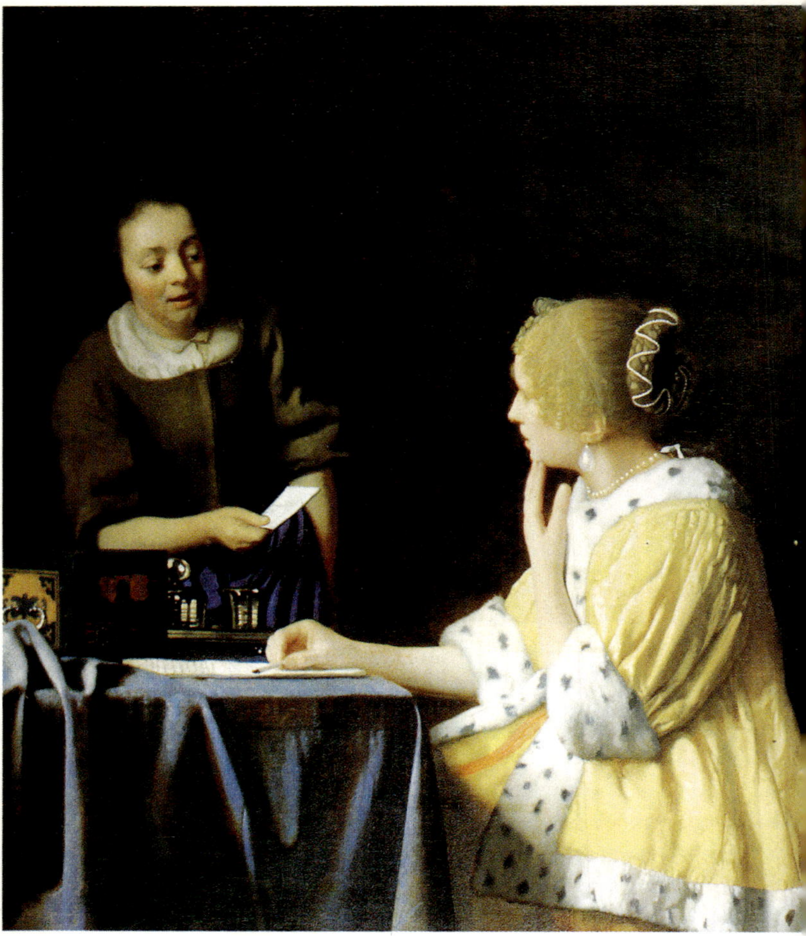

La Jeune Femme avec une servante tenant une lettre, v. 1667-1668. H/t 90,2 × 78,7. New York, The Frick Collection.

Sciences exactes et philosophie. Voir Pays-Bas

Servantes

La servante est une figure importante des intérieurs* hollandais. Toute maison bourgeoise en emploie une, souvent seule domestique du foyer. La peinture la représente dans la pratique de ses tâches quotidiennes : rangeant le linge, balayant ou lavant la vaisselle. *La Laitière** montre l'une de ces occupations ménagères. La servante, c'est aussi le monde extérieur qui s'introduit, avec ses vices et ses défauts, au cœur de la tranquillité des demeures familiales. Les servantes servent souvent à symboliser la paresse et les catastrophes qu'elle entraîne. Endormie au milieu de sa cuisine, la servante laisse le chat manger la nourriture (Nicolas Maes, *Jeune Fille endormie avec sa servante*, Londres).

Pour Vermeer, elles sont surtout des figures de liaison. Elles forment le lien entre le monde et la demeure privée, entre l'homme et la femme. Les servantes sont essentiellement chargées de tâches ayant un rapport avec les relations amoureuses : elles apportent les lettres* (*La Jeune Femme avec une servante tenant une lettre*, New York, Frick Collection) et en sont parfois les confidentes (*La Lettre d'amour*, Amsterdam, ill. p. 82). GC

SPÉCIALISATION DES GENRES
L'exception hollandaise

La distinction des genres en peinture prend autant en compte la nature du sujet représenté que son traitement. Ainsi les théoriciens de l'art (Carel van Mander, Philip Angel, Samuel van Hoogstraten) distinguent le genre noble – la peinture d'histoire* – des genres bas, dits mineurs – ceux du paysage et de la nature* morte. Le portrait et la scène de genre*, surtout si elle dépeint des personnages élégants, se situent à mi-chemin. Ces catégories n'ont cependant rien de rigide : un certain degré d'idéalisation dans la représentation ou de grandeur dans le style peut réhausser un genre au sein de cette hiérarchie. À l'intérieur de chacune d'elles s'opèrent de nouvelles divisions, résultant en partie de la spécialisation des artistes : dans celle du paysage entrent les vues de villes, les marines ; dans celle de la nature morte, les peintures d'animaux, de fleurs et de fruits, de coquillages, les tables dressées, les banquets et les « vanités ».

Si la notion de genre remonte à l'Antiquité, ce n'est qu'à la Renaissance qu'elle reprend véritablement un sens. De nouvelles catégories de peinture émergent alors et certains artistes en viennent peu à peu à se cantonner dans un genre déterminé. En Hollande, cette spécialisation est étroitement liée à l'organisation particulière du marché de l'art : la réalisation de tableaux répond à une demande préalable, essentiellement orientée par le goût de tout un public et non d'un commanditaire unique. De fait, cette production a parfois un caractère « pré-industriel », dans la mesure où l'artiste livre un objet fini, répété en de nombreux exemplaires, entre lesquels les variantes sont parfois minimes.

La pratique des genres obéit donc à une nécessité économique, l'artiste devant pouvoir répondre aux exigences du marché*. Le goût pour le portrait, qui pérennise le modèle en son effigie, et pour la scène de genre, dont les sujets sont à la portée d'un plus large public, explique leur position dominante dans la création de l'époque. Le portrait constitue pour l'artiste une importante source de revenus et lui permet de se faire connaître. En revanche, le genre ne jouit pas d'un prestige considérable auprès des peintres : la soumission aux défauts de la nature, exigée par la ressemblance au modèle, s'oppose en effet au principe d'idéalisation qui doit, à cette époque, régir toute création. CaG

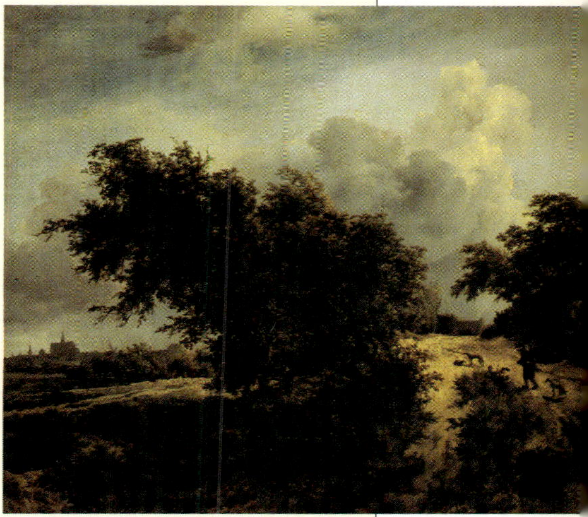

Jacob van Ruisdael (1628-1682), *Le Buisson.* H/t 68 × 82. Paris, Louvre.

Sweerts (Michael)

Baptisé dans l'église Saint-Nicolas de Bruxelles en 1618, le fervent catholique Michael Sweerts eut une vie aussi mystérieuse que celle de Vermeer. Il partage également avec ce dernier une longue période d'oubli et une attribution longtemps erronée de ses œuvres.

C'est donc assez récemment que l'on a redécouvert la profonde originalité de cet artiste dont on sait qu'il séjourna à Rome à partir de 1646 et au moins jusqu'en 1654. Là, il fut fortement impressionné par l'art du Caravage* et par celui des Bamboccianti, peintres de genre dont le principal représentant dans les Provinces-Unies, est Pieter van Laer. Le répertoire de Sweerts inclut tant des portraits en buste que des scènes de genre* montrant des personnages à mi-corps (*Le Jeune Homme et l'entremetteuse*, Louvre), ou encore des vues d'extérieurs rappelant l'art de Van Laer. La lumière* qui se dégage de ses figures – inscrites sur des fonds en général sombres –, et leur immobilité impassible (*La Fileuse*, Gouda) rendent son art proche de celui de Vermeer, qui avait peut-être vu certains de ses tableaux à Amsterdam. Outre des rapports stylistiques particulièrement frappants, les deux artistes ont un même idéal, celui de conférer aux scènes de la vie quotidienne une dignité classique. PLC

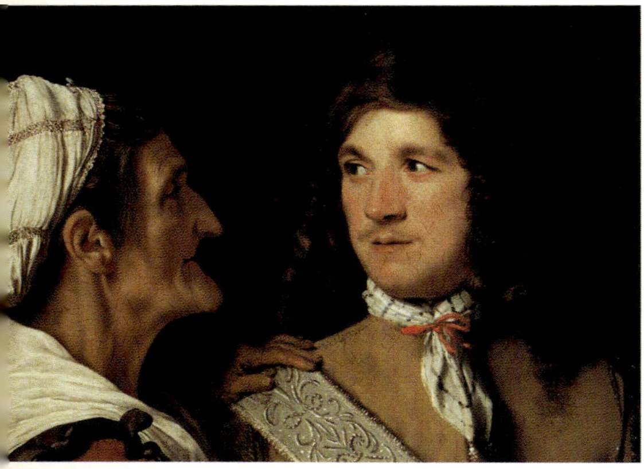

Michael Sweerts, *Le Jeune Homme et l'entremetteuse*. H/t 190 × 270. Paris, Louvre.

Symbolisme caché

Cette notion critique a été proposée par l'historien d'art Erwin Panofsky (1892-1968), « inventeur » de l'iconologie. Il utilise ce terme de « symbolisme caché » ou déguisé (*disguised*) dans un livre sur les Primitifs flamands, idée qu'il reprend de ses travaux antérieurs sur la peinture italienne. Il entend par-là mettre en lumière la signification véritable des représentations réalistes des artistes flamands, signification qui se trouve, selon lui, masquée derrière le caractère anodin de certains détails et d'objets ordinaires.

Ce type d'analyse a été depuis repris et adapté à la peinture hollandaise du XVIIe siècle, et notamment à l'œuvre de Vermeer. Cette peinture, sous ses aspects de représentation simple d'un monde réel, ne tiendrait, par une analyse de la situation des objets au sein de la composition, que par sa valeur emblématique et morale – l'ensemble des objets de *L'Atelier** serait en fait, selon cette théorie, une allégorie des Arts.

Si ce concept, élaboré par Panofsky à l'origine pour l'art italien, est séduisant pour ce champ d'analyse, il se trouve quelque peu mis à mal par la culture visuelle hollandaise et s'avère réducteur lorsqu'il s'applique à un problème de description plutôt que d'imitation (Alpers). GC

Thins (Maria). Voir Bolnes

Tolérance religieuse (les limites de la)
L'Union d'Utrecht de 1579 fonde la République et fait du calvinisme* la religion quasi-officielle. Au siècle suivant, les réformés, qui sont probablement majoritaires dans la population, sont néanmoins divisés. Les arminiens-remontrants et les anabaptistes forment une minorité importante, et parfois influente, surtout dans les milieux patriciens. Il ne faut pas pour autant négliger les luthériens qui, eux aussi, cherchent à s'organiser en communautés et à fonder leur propre église. À Delft*, le peintre de paysage Adriaen Pietersz. van der Linden est pasteur de la Confession d'Augsbourg et membre de la guilde* de Saint-Luc. La communauté juive, résidant presque exclusivement à Amsterdam, est estimée à 20 000 âmes. Restent les catholiques qui représentent entre 20 et 40 % de la population. La tolérance des autorités hollandaises est réelle, favorisée d'ailleurs par l'autonomie de chaque province et, à certains égards, de chaque ville, en matière de religion.
Elle a néanmoins ses limites. Ainsi, juifs et catholiques sont tolérés mais ne peuvent pratiquer leur culte que clandestinement – les chants religieux ne doivent pas être entendus depuis la rue. Ils ne peuvent non plus afficher leur foi et, *a fortiori*, faire du prosélytisme. Seuls les réformés peuvent accéder aux charges publiques. Les catholiques, souvent patriotes, en arrivent parfois à souhaiter une réunification pacifique avec les Provinces du Sud pour profiter de la même liberté religieuse que les calvinistes. Bien que réformés, les arminiens et les anabaptistes sont les véritables persécutés, car ils représentent la division au sein de la religion officielle. OZ

Utrecht. Voir Caravagisme

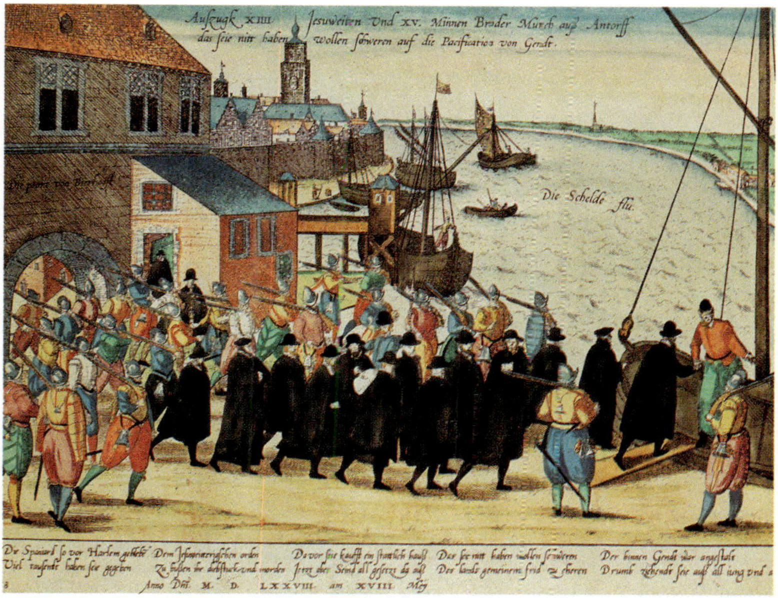

Franz Hogenberg, *Expulsion des Jésuites d'Anvers en mai1578.* Gravure. Genève, Bibliothèque publique et universitaire.

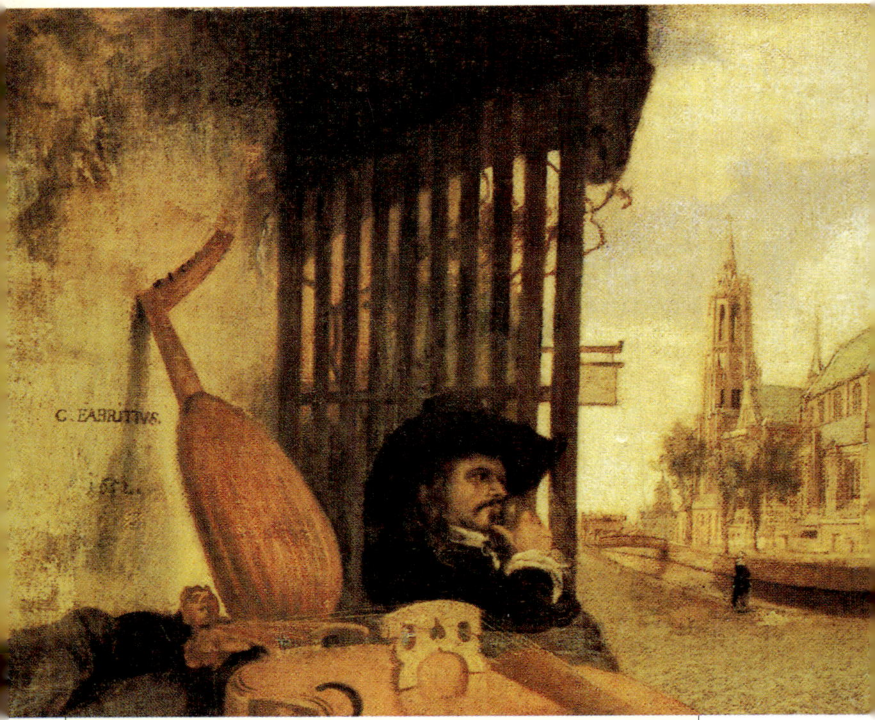

VÉDUTISTES (LES)
L'espace piégé

Les *vedute* sont des vues urbaines auxquelles on rattache, par extension, les intérieurs d'édifices. Les peintres hollandais se font une spécialité des vues de villes et d'intérieurs d'églises. À la suite des cités oniriques encore maniéristes du début du XVIIe siècle, puis des silhouettes à l'horizon des paysages de l'école de Haarlem, des peintres, s'inspirant des dessins topographiques, multiplient, vers 1650, les vues de lieux emblématiques et typiques des villes. Jan et Abraham Beerstraaten, d'Amsterdam, dans un style méticuleux, puis le harlémois Gerrit Berckheyde, plus monumental et jouant sur de forts contrastes entre des plans violemment éclairés et des zones d'ombre dense, donnent au genre ses lettres de noblesse. Daniel Vosmaer, actif à Delft* dans la seconde moitié du siècle, et Egbert van der Poel connaissent un réel succès avec leurs vues de Delft ravagée par l'explosion de la poudrière. Celle-là même qui tua Fabritius, d'ailleurs auteur d'une *Vue de Delft* (Londres) étonnante de par son double point de fuite.
En 1635, l'arrivée à Delft de Gérard Houckgeest suscite le développement d'un foyer de peintres d'intérieurs d'églises. Houckgeest, rompant avec la frontalité du harlémois Pieter Saenredam, les organise suivant des diagonales. Emmanuel de Witte l'imite, mais baigne ses intérieurs d'une lumière* plus moelleuse dont la vibration rappelle Fabritius et Vermeer. OZ

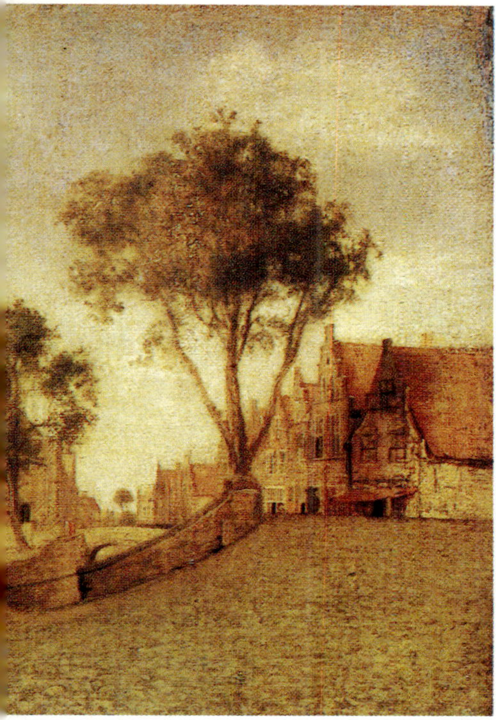

Carel Fabritius (1622-1654), *Vue du vieux quai long de Delft*, 1652. H/t 15 × 32. Londres, National Gallery.

Vermeer Reynier : le père du peintre

Reynier Jansz. Vermeer est né à Delft* en 1591 dans une famille protestante (voir Calvinisme) du quartier populaire du Marché au Petit bétail. Sa mère s'est remariée avec un musicien. Le premier patronyme de Reynier est celui de son père : Jansz. signifie « fils de Jan ». Il est apprenti à Amsterdam comme tisseur de caffa – une sorte de velours. C'est pendant son séjour à Amsterdam qu'il épouse, en 1615, Digna Baltens, dont le père est d'origine anversoise. De retour à Delft, Reynier continue à tisser le caffa. Un inventaire de ses biens rédigé en 1623 révèle qu'il possède déjà quelques tableaux – probablement des copies. Le premier tableau cité dans l'inventaire représente un joueur de pipeau italien, un thème typiquement caravagesque*. On peut mettre le sujet de ce tableau en rapport avec la vocation de son beau-père dont un des instruments – laissé à son fils après sa mort – était en effet un chalumeau, peut-être l'instrument dont jouait Reynier Jansz.
Le père de Vermeer continue à tisser du caffa bien qu'il tienne aussi une auberge à partir de la fin des années 1620. Cette auberge qu'il loue dans le Voldersgracht est sous le signe du « Renard volant ». Il adopte alors le nom de famille « Vos » (renard). Parfois, il se fait aussi appeler Vermeer. Il s'enregistre dans la guilde* comme « marchand d'art » en 1631. Son commerce* d'art semble avoir été de modeste envergure, comparé avec celui d'un grand marchand de Delft comme Abraham de Cooge.
Son fils Johannes, le futur artiste, est baptisé dans une église réformée le 31 octobre 1632. Le choix de ce prénom est significatif : cette forme latinisée a la faveur des catholiques et de la haute bourgeoisie* protestante ; par là, Reynier tient à marquer son changement de statut social. Reynier poursuit son ascension en acquérant, en 1641, l'auberge de Mechelen, l'une des maisons les plus imposantes de la Place du Grand-Marché. Sa clientèle se compose de membres de la classe moyenne, mais aussi d'artistes et de collectionneurs. Elle constitue ainsi un facteur privilégié de rencontres, de discussions et d'échanges sur les questions artistiques qui a pu être favorable à l'orientation du jeune Vermeer. Reynier meurt en 1652, Digna Baltens en 1670. CaG

« L'éclat, l'énergie, la finesse, la variété, l'imprévu, la bizarrerie, je ne sais quoi de rare et d'attrayant. »

Thoré-Bürger, 1866.

Vin (verre de)

Le verre de vin est un détail que l'on trouve à l'origine en nombre dans les scènes de bordels* et de tavernes où les hommes et les femmes, entraînés par l'alcool et le tabac, se livrent à des débordements sexuels. Le raffinement de la scène de genre*, autour* des années 1650, provoque le rejet de toute connotation triviale pour ne conserver que quelques signes qui permettent de souligner la nature sensuelle des échanges. Le verre de vin résiste à ce changement et prend une place primordiale, – comme les instruments de musique* qui lui sont souvent associés –, dans ces nouvelles anecdotes érotiques. L'homme ne boit jamais dans les tableaux de Vermeer – *L'Entremetteuse* (ill. p. 43) est un cas unique. Le vin, toujours offert par l'homme à la femme, permet d'atténuer les réticences des conventions sociales et devient le prélude à des relations galantes. Dans *La Jeune Fille au verre de vin* (Brunswick), la femme qui jette un regard rempli d'ivresse vers le spectateur montre assez clairement le rôle immoral que tient le vin – face à cette femme se trouve le vitrail de la Tempérance. Le vin entraîne aussi des désordres domestiques lorsqu'il endort les servantes* et les empêche de veiller sur la maison – *La Jeune Fille endormie* (New York, ill. pp.28-29) est un exemple de ce thème populaire. GC

Voyeur. Voir Intérieurs

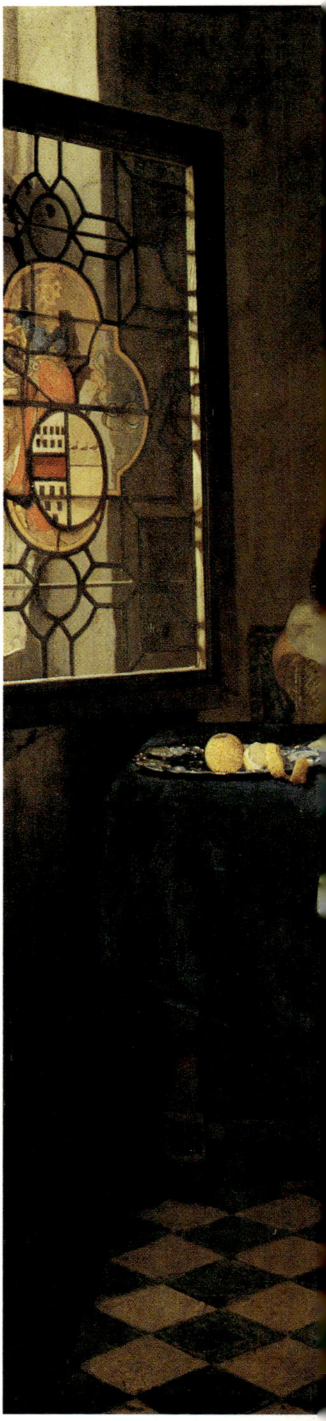

La Jeune Fille au verre de vin, 1659-1660. H/t 77,5 × 66,7. Brunswick, Herzog Anton Ulrich-Museum.

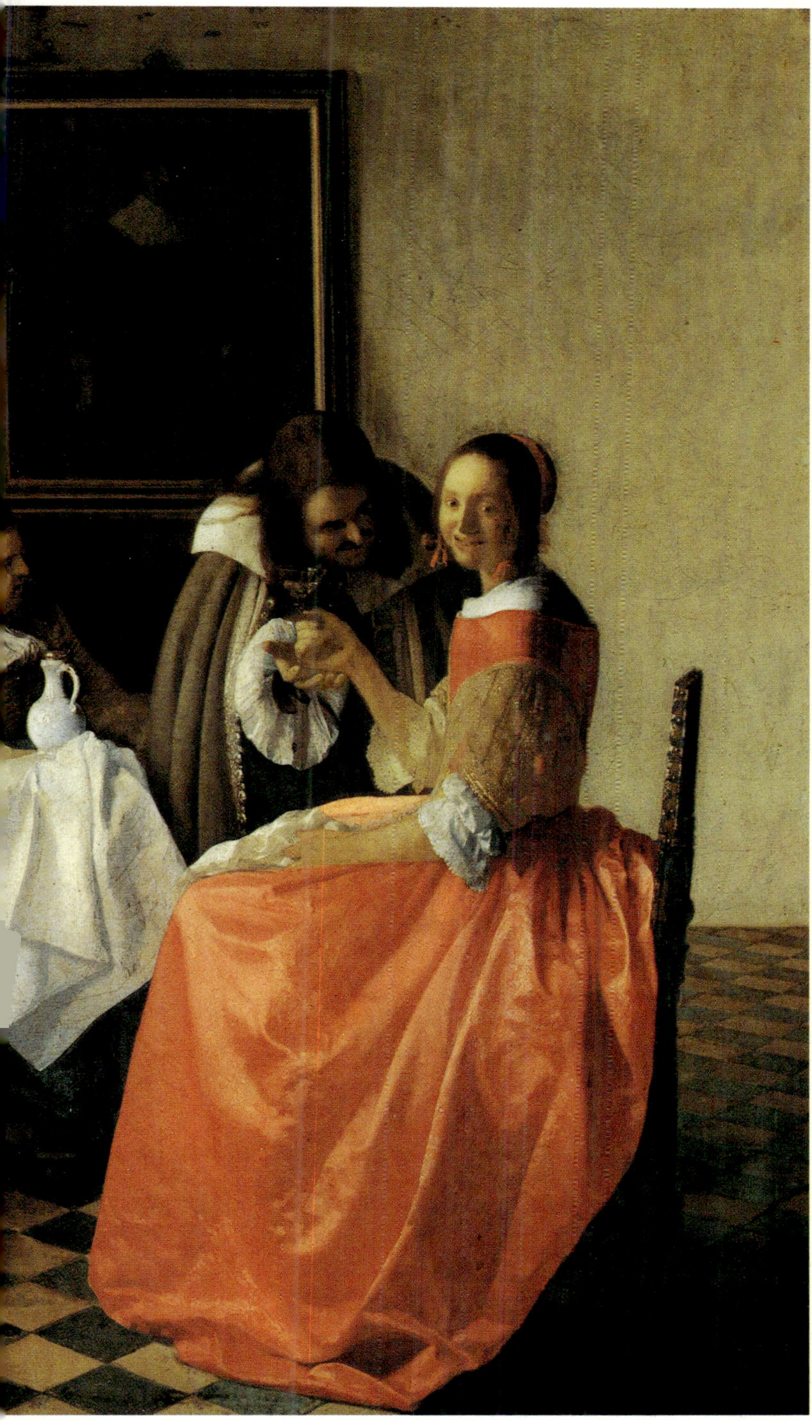

VUE DE DELFT

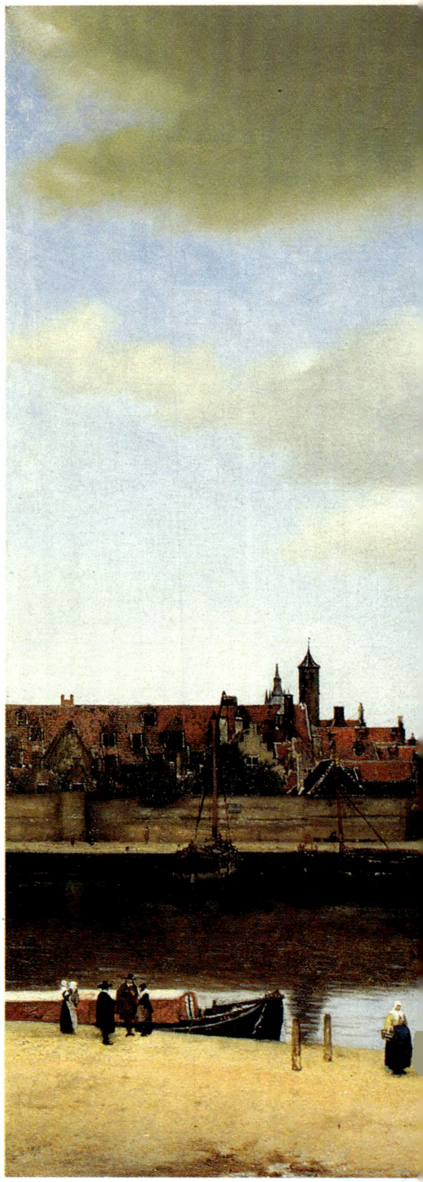

On sait combien le passage de Proust* sur le « petit pan de mur jaune » donna pour toujours à la *Vue de Delft* un caractère mythique qui entraîne inévitablement le regard à la poursuite de cet incroyable détail.

Avec la *Vue de Delft*, Vermeer aborde un sujet qui reste rare dans l'ensemble de son iconographie* : la scène d'extérieur. Ce n'est qu'après s'être exercé sur un format plus petit en réalisant *La Ruelle** qu'il entreprend de peindre une véritable vue de ville, genre à part entière qui s'inscrit dans une tradition de peinture topographique dont les origines remontent aux panoramas urbains bordant les grandes cartes* murales des Pays-Bas*. Les municipalités des principales villes avaient pris l'habitude de commander une vue de leur cité. Vermeer représente ainsi sa propre ville, vue du Sud, comme avant lui Van Goyen l'avait fait de La Haye ou Rembrandt* d'Amsterdam (voir Foyers). On peut facilement reconnaître les principaux bâtiments de Delft* : la Vieille Église, où Vermeer sera enterré, derrière une rangée de maisons sur la gauche ; l'Église Neuve, baignée de soleil, légèrement à droite du petit pont ; la porte de Rotterdam avec ses deux tours. L'attention portée aux détails s'étend jusqu'aux rendus des variations climatiques et aux jeux de lumière* sur la ville. La *Vue de Delft* est, en fait, autant une topographie urbaine qu'un paysage de lumière. Le peintre va jusqu'à indiquer l'heure de cet « instantané pictural » au clocher de la porte de Schiedam : 7h10.

Vermeer opère de savantes transformations qui, au lieu de transcrire réellement ce qu'il voit, dévoilent une

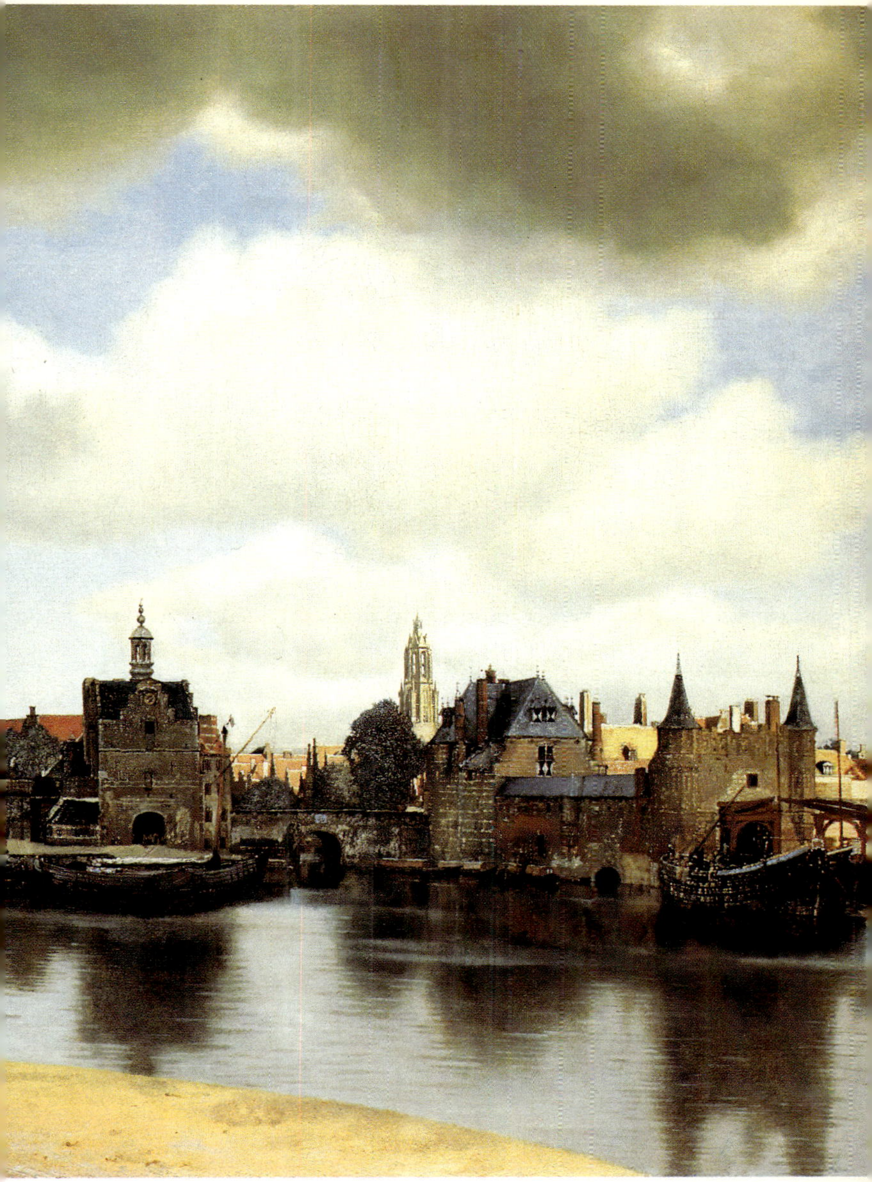

Vue de Delft

v. 1660-1661.
H/t 96,5 × 115,7.
La Haye, Mauritshuis.

composition arbitraire dont le but est de créer un « effet de réel » (Barthes). La ville s'étire en longueur, certaines maisons sont regroupées et leur taille est transformée pour permettre à la cité delftoise d'épouser la forme d'une frise. La radiographie montre que le peintre a exagérément rallongé le reflet des tours, à droite, pour conforter la frontalité de cette vue. GC

1632 Le 31 octobre, les parents de Johannes Vermeer, Reynier Vos et Digna – qui ont déjà une fille – le baptisent dans la Nieuwe Kerk, la Nouvelle Église réformée de Delft.
La même année naissent le philosophe Spinoza et le naturaliste Anthonie van Leeuwenhoek. Ce dernier, améliorant le microscope, fait des observations nouvelles sur les globules rouges et décrit les spermatozoïdes. Il a pu connaître Vermeer et parler avec lui de ses recherches en matière d'optique. Van Leeuwenhoek se chargera, en 1676, de l'administration des biens de la femme du peintre, Catharina Bolnes.

1641 Le 23 avril, le père de Vermeer achète une maison, « Mechelen » (Malines), avec auberge attenante sur la place du Grote Markt à Delft. Parallèlement à ses activités d'aubergiste, Reynier Vos se lance dans le commerce de tableaux. C'est d'ailleurs pour ce travail qu'il adopte le nom de Vermeer. Il entretient de nombreux rapports avec les peintres célèbres de Delft qui laissent leurs toiles en dépôt dans son auberge.

1642 Rembrandt peint *La Ronde de nuit* (Amsterdam).

1645 Gérard Ter Borch se rend à Münster pour exercer ses qualités de portraitiste auprès des nombreux diplomates réunis pour négocier le traité de Westphalie (1648) qui mettra fin à la guerre de Trente Ans et par lequel l'Espagne reconnaîtra l'indépendance des Provinces-Unies.

1653 Le 20 avril, Vermeer se marie avec Catharina Bolnes. La mère de Catharina, Maria Thins, refuse d'approuver cette union sans pour autant l'interdire. Vermeer est issu d'une famille calviniste qui a connu la honte d'avoir un grand-père faux-monnayeur et d'être endettée. La famille de Catharina est au contraire aisée et très catholique. Vermeer se convertira au catholicisme peu de temps après son mariage.
Le 22 avril, Vermeer et Ter Borch signent ensemble à Delft un acte notarié.
Vermeer s'inscrit à la guilde de Saint-Luc de Delft le 29 décembre de la même année.

1654 La poudrière de Delft explose le 12 octobre. Parmi les victimes se trouve Carel Fabritius, un ancien élève de Rembrandt devenu l'un des peintres les plus connus de Delft. Dans un poème de 1668, Arnold Bon écrira que Vermeer sortit des flammes qui avaient consumé Fabritius.
Pieter de Hooch s'installe à Delft où il reste jusqu'en 1662 ; il exerce, avant son départ pour Amsterdam, une très grande influence sur la peinture de genre en général et sur l'œuvre de Vermeer en particulier.
Vermeer peint sa première toile répertoriée : *Diane et ses compagnes* (La Haye, Mauritshuis).
Pendant les premières années de son activité, l'artiste ne gagne pas très bien sa vie et sa belle-mère soutient financièrement le couple.
Samuel van Hoogstraeten, peintre et écrivain, réalise le premier tableau en trompe l'œil que l'on connaisse. Il confectionnera également une *Boîte à perspective* dans laquelle est peint un intérieur hollandais.

1655 Le 14 décembre, Vermeer et sa femme se portent garants d'une dette de 250 florins que le père du peintre avait contractée en 1648. Dans cet acte, Vermeer est appelé « seigneur », signe de son ascension sociale.
Pieter de Hooch s'inscrit à la guilde de Saint-Luc de Delft.
Comme de nombreux peintres de sa génération, Gabriel Metsu abandonne la peinture d'histoire et se tourne vers la scène de genre.

1656 Vermeer signe et date *L'Entremetteuse* (Dresde) où la figure masculine regardant vers le spectateur pourrait être un autoportrait.

1658-1660 Vermeer peint ses toiles les plus connues : *Vue de Delft* (La Haye), *La Laitière* (Amsterdam), *La Leçon de musique* (Londres, Buckingham Palace).

L O G I E

1662 Le jour de la saint Luc, la guilde se réunit et choisit ses syndics. Vermeer est élu pour deux ans et devient le plus jeune syndic.

1663-1666 De graves troubles familiaux viennent perturber la vie du peintre : Maria Thins, sa belle-mère, se plaint des violences de son fils Willem qui l'insulte et la menace. Willem frappe également sa sœur, la femme de Vermeer, alors que celle-ci est enceinte. Maria Thins réussit à le placer en maison de correction. Jamais Vermeer ne laissera transparaître dans ses œuvres ce quotidien dramatique.
Il peint *La Liseuse en bleu* (Amsterdam), *Le Collier de perles* (Berlin) et *La Peseuse d'or* (Washington), dite aussi *La Femme à la balance.*

1667 Gabriel Metsu meurt à Amsterdam.

1669 Mort de Rembrandt.
Vermeer peint *Le Géographe* (Francfort), pendant de *L'Astronome* (Paris), peint une année auparavant.

1670 Vermeer a neuf ou dix enfants et, malgré certains héritages, il parvient difficilement à subvenir aux besoins de sa nombreuse famille.
Le 13 février, sa mère est enterrée.
Le 1er juillet, il hérite du « Mechelen ».
Il est de nouveau élu syndic de la guilde.

1672 En mai, Vermeer va à La Haye pour donner son avis sur l'authenticité de peintures italiennes que le plus grand marchand d'Amsterdam vient de vendre à l'électeur de Brandebourg. Cette charge confirme la grande réputation de Vermeer à cette date.
La France envahit les Provinces-Unies, provoquant de graves problèmes économiques qui rejaillissent sur la vie de Vermeer. Sa veuve déclare, après la mort du peintre, que pendant cette période il n'a vendu presque aucune toile.
Date présumée de sa dernière toile connue, *L'Allégorie de la Foi* (New York).

1673 Par un acte notarié, la belle-mère de Vermeer lui donne pleins pouvoirs pour traiter ses affaires.
Les troupes françaises quittent le pays.

1675 Le 16 décembre, Vermeer est enseveli à l'Église Vieille de Delft. Il laisse sans doute onze enfants, dont huit mineurs. L'un de ses fils est prénommé Ignatius, hommage évident au fondateur de la compagnie de Jésus, et qui montre l'attachement du peintre à la religion catholique.
Gérard Dou meurt à Leyde.

1676 Le 29 février, inventaire des biens de Vermeer. Sa femme est couverte de dettes. Elle vend vingt-six tableaux à un marchand d'Amsterdam. Elle ne cède pourtant pas *L'Atelier* qu'elle donne à sa mère.

1678 Publication du *Traité de peinture* de Samuel van Hoogstraeten.

BIBLIOGRAPHIE SÉLECTIVE

A.B. de Vries, *Jan Vermeer de Delft*, Berne, 1948.
Piero Bianconi, *Tout l'œuvre peint de Vermeer*, Paris, 1968.
Gilles Aillaud, Albert Blankert, John Michael Montias, *Vermeer*, Paris, 1986.
De Rembrandt à Vermeer, les peintres hollandais au Mauritshuis de La Haye, Paris, 1986.
Svetlana Alpers, *L'Art de dépeindre. La peinture hollandaise au XVIIe siècle*, Paris, 1990.
Daniel Arasse, *L'Ambition de Vermeer*, Paris, 1993.
Hermann Ulrich Asemissen, *Vermeer. L'Atelier du peintre ou l'image d'un métier*, Paris, 1989.
John Michael Montias, *Vermeer, une biographie. Le peintre et son milieu*, Paris, 1990.
Simon Schama, *L'Embarras de richesses. La culture hollandaise au siècle d'or*, Paris, 1991.
Arthur K. Wheelock, jr., *Jan Vermeer*, Paris, 1991.
Arthur K. Wheelock, jr. (sous la direction de), *Johannes Vermeer*, Paris, 1995.
John Michael Montias, *Le Marché de l'art aux Pays-Bas*, Paris, 1996.

I N D E X

Aelst, Evert van 32, 53
Aersten, Pieter 79
Albe, duc d' 72
Alberti, Léon-Battista 81
Allégorie de la Foi (L') 22, 50, 53, 64-65, 72, 74, 89, 98
Angel, Philip 107
Arminius, Jacobus 46
Ast, Balthasar van der 12, 53, 56-57
Astronome (L') 16, 34-35, 38, 45, 53, 89
Atelier (L') dit aussi *L'Art de la peinture* 22, 30, 36-38, 74, 89, 108

Baburen, Dirck van 13, 32, 40, 46-47, 52
Backhuyzen, Ludolf 96-97
Baltens, Digna 111
Beerstraaten, Abraham 110
Beerstraaten, Jan 110
Berckenrode, Balthasar Floris van 48
Berckheyde, Gerrit 110
Berckhout, Pieter Teding van 53
Bernin, Le 61
Beyeren, Abraham van 14, 84
Blaeu, Willem Jansz 48
Blankert, Albert 14, 16, 20, 76
Bloemaert, Abraham 14, 33, 41, 46
Boe Sylvius, François de le 86
Boe Sylvius, Gérard de le 86
Bolnes, Catharina 12, 41-42
Borch, Gérard Ter 16, 20, 32, 38, 42-43, 49, 62, 80, 86
Bramer, Leonaert 12-14, 32, 42, 45, 56, 72, 74
Bray, Jan de 72
Bril, Paul 74
Bronckhorst, Jan van 13
Brouwer, Adriaen 66
Brugghen, Hendrick Ter 13, 45-47
Buyten, Hendrick 86
Buytewech, Willem 66

Calvin, Jean Cauvin, dit 11, 46
Caravage, Le 17, 40, 46, 66, 70
Champaigne, Philippe de 61
Christ chez Marthe et Marie (Le) 13, 15-16, 23, 33, 50-51, 64
Claesz., Pieter 84
Claesz. van Ruijven, Pieter 86
Cocques, Gonzales 86
Collier de perles (Le) 27, 71, 99
Concert à trois (Le) 32, 41, 45, 52, 91
Cooge, Abraham de 111
Cooge, Joannis de 111
Corot, Jean-Baptiste Camille 27
Couwenbergh, Corstiaen 56

Dame assise au virginal (Une) 21, 32, 40, 52, 91
Dame buvant avec un gentilhomme (La) 20, 54, 62, 74, 85, 91
Dame debout au virginal (Une) 21, 45, 52, 62, 91
Dentellière (La) 26, 49, 55, 57-59, 60, 73, 86
Descartes, René 97
Diane et ses compagnes 16-17, 32-33, 49-50, 73, 98
Dissius, Jacob Abrahamsz 27, 86
Dominiquin, Le 61
Dou, Gérard 13, 20, 24, 51, 53, 57, 60-61, 66-67, 79, 86-87

Entremetteuse (L') 16-17, 26, 31-33, 38, 43, 47, 54, 94, 103, 112
Everdingen, Cesar von 13
Eyck, Jan van 24

Fabritius, Carel 14, 16, 24, 32, 38, 57, 68, 81, 103, 110-111
Femme à la balance. Voir *Peseuse d'or (La)*
Femme à l'aiguière (La) 88-89
Femme au luth (La) 20, 62
Femme en bleu lisant une lettre (La) 21, 55, 74, 80
Femme jouant du luth près d'une fenêtre 21
Ficherelli, Florentin 98
Flinck, Govaert 84
Frijtom, Frederick van 61

Gaulli, Giovanni-Battista 61
Gautier, Théophile 68
Geensz., Jan 41
Géographe (Le) 16-17, 34, 38, 45, 62, 89
Goering, Hermann 54
Gomar, François 46
Goncourt, Edmond et Jules 85
Goyen, Jan van 114
Goyen, Josef van 84
Grebber, Pieter de 72
Groenewegen, Pieter 53, 74
Guerchin, Le 61
Guillaume III 95
Guillaume le Taciturne 95

Heem, Jan Davidsz. de 95
Helst, Bartholomeus van der 84
Hogenberg, Franz 72-73, 109
Hondius, Jodocus 47
Honthorst, Gérard von 13, 46, 71, 86
Hooch, Pieter de 14, 16, 38-39, 43, 49, 57, 62, 67-68, 71, 74, 79
Hooghe, Romÿn de 68
Hoogstraten, Samuel van 16, 107
Houckgeest, Gérard 57, 110
Huygens, Constantijn 44, 86, 97

Jeune Femme avec une servante tenant une lettre (La) 26, 76, 106
Jeune Femme écrivant une lettre et sa servante (La) 6, 24-25, 53, 62
Jeune Femme en jaune écrivant une lettre 21, 80-81, 89
Jeune Fille au chapeau rouge (La) 23, 76, 98
Jeune Fille au turban (La) 21, 76-77, 98-99
Jeune Fille au verre de vin (La) 54, 63, 112-113
Jeune Fille à la flûte (La) 23, 76, 98
Jeune Fille endormie (La) 28-29, 44, 94, 112
Jordeans, Jacob 52, 61, 64, 86
Joueuse de guitare (La) 21, 91

Kühn, H. 23

Laer, Pieter van 74, 108
Lairesse, Gérard de 70, 90
Laitière (La) 20, 26, 61-62, 68, 71, 73, 78-79, 106
Lastman, Pieter 72
La Tour, Georges de 61
Le Brun, Charles 61
Leçon de musique (La) 38, 74, 91, 92-93, 94
Leeuwenhoek, Anthonie van 24, 34, 97
Léopold-Guillaume, archiduc 84, 86
Le Sueur, Eustache 61
Lettre d'amour (La) 80, 82-83, 91, 106
Linden, Adraien Pietersz. van der 109
Liseuse à la fenêtre (La) 62, 74-75
Loo, Jacob van 32, 38
Lorrain, Claude Gellée, dit le 61, 76
Luther, Martin 46

Maes, Nicolas 20, 27, 38, 57, 79, 106
Mander, Carel van 107
Mandijn, Jan 14
Médicis, Côme III de 86
Meegeren, Hans van 27, 54-55
Metius, Dirck 34, 35
Metsu, Gabriel 14, 16, 20, 38, 60, 67-68, 80, 86-87, 91
Michielsz, Isaac 86
Mierevelt, Michiel van 56
Mieris, Frans van 24, 43, 53, 57, 60, 68, 76, 84, 86-87, 91
Monconys, Balthasar de 53, 86
Moreelse, Paulus 40

Oldenbarnevelt, Jan van 46, 95
Orange-Nassau, Frédéric-Henri d' 41, 94
Ostade, Adriaen van 66

Palamedesz., Anthonie 16, 56
Panofsky, Erwin 108
Passe le jeune Crispin de 69
Peseuse d'or (La) dit aussi *Femme à la balance (La)* 18-19, 21, 71, 90, 100-101
Pijnacker, Adam 14, 81
Piombo, Sebastiano del 41
Piscator, Gerhardus 47
Poel, Egbert van der 12, 53, 57, 110
Portrait d'une jeune fille 76, 98-99
Potter, Paulus 14, 81
Poussin, Nicolas 61
Proust, Marcel 27, 68, 102
Pynas, Jacob 56, 72
Pynas, Jan 72

Quellin, Erasme 16, 51

Raphaël 41, 70
Rembrandt 13-14, 27, 32, 34, 38, 56-57, 60-61, 66, 72, 81, 84, 86-87, 102-103, 114
Reni, Guido 61
Ribera, José de 61
Rietwiejck, Cornelis Daemen 32
Ripa, Cesare 36, 64
Rubens, Pierre Paul 11, 14, 61
Ruelle (La) 20, 49, 73, 81, 104-105, 114
Ruijven, Pieter Claesz. van 86
Ruijven, Pieter van 46
Ruisdael, Jacob van 107

Saenredam, Pieter 81, 110
Saftleven, Cornelis 53
Saint Augustin 46
Sainte Praxède 50, 64, 98
Sandrart, Joachim von 76

INDEX

Snyders, Frans 61
Soldat et la jeune fille souriant (Le) 12, 17, 48, 53, 71
Spiering Silvercroon, Pieter 86
Spinoza, Baruch 26, 97
Spranger, Bartholomaeus 14
Steen, Jan 62, 67
Steenwijck, Harmen van 90-91
Steenwijck, Pieter van 53
Sweerts, Michael 17, 108

Thins, Maria 12, 41-42, 47, 53, 64, 89, 109
Thoré-Bürger, Étienne Joseph Théophile 27, 55, 68, 81, 112
Torrentius, Johannes 57

Vaudoyer, Jean-Louis 44, 102
Velde, Essaias van de 66
Velsen, Jacob van 13
Veraecht, Tobias 14
Vermeer, Franciscus 42
Vermeer, Gertruyd 42
Vermeer, Ignatius 42
Vermeer, Reynier Jansz. 12, 14, 41, 53, 57, 111
Victors, Jan 72
Vinci, Léonard de 76
Visschner, Nicolas Johannes 11
Vliet, Hendrick van 57
Vliet, Willem van 56
Vosmaer, Daniel 110
Vosmaer, Jacob 57
Vredenburg J. Janssen 86
Vue de Delft 49, 73, 81, 86, 102, 110, 114-115

Witt, Jan de 44, 95
Witte, Emmanuel de 14, 57, 110
Wtevael, Joachim 46

Crédits photographiques : AMSTERDAM, Rijksmuseum 61, 78-79, 80, 82-83, 104-105 ; BERLIN, Gemäldegalerie 54, 85, 99 ; BOSTON, Isabella Stewart Gardner Museum 45 ; The Museum of Fine Arts 40h ; BRUNSWICK, Herzog Anton Ulrich-Museum, 63, 112-113 ; DRESDE, Gemäldegalerie 31, 38, 43, 74-75 ; DUBLIN, The National Gallery of Ireland 6, 25 ; ÉDIMBOURG, The National Gallery of Scotland 15, 50-51 ; HANOVRE, Niedersächisches Landesmuseum 41 ; LA HAYE, Bibliothèque Royale 48b ; Mauritshuis 32-33, 42, 49, 76-77, 114-115 ; LEYDE, Stedelijkmuseum « De Lakenhal » 90-91 ; LONDRES, British Museum 56-57 ; Buckingham Palace 92-93 ; National Gallery 40b, 52, 60, 62, 71, 110-111 ; LYON, musée des Beaux-Arts 95 ; MUNICH, Alte Pinakotek 103 ; NEW YORK, The Frick Collection 10, 48h, 106 ; The Metropolitan Museum of Art 20, 28-29, 64-65, 88-89, 94 ; PARIS, Archives Flammarion 68b, 69 ; Dagli Orti 72-73, 109 ; Réunion des musées nationaux 4-5, 12, 13, 14, 34-35, 39, 47, 55, 58-59, 66-67, 70, 87h, 96-97, 107, 108 ; Roger-Viollet 68h, 102 ; PRINCETON, The Barbara Piasecka Johnson Collection Foundation 98 ; PEISSENBERG, Artothek couverture, 17 ; ROTTERDAM, Maritiem Museum Prins Hendrik 11 ; SCHWERIN, Staatlische Museum 87b ; VIENNE, Kunsthistorisches Museum 30, 36-37 ; WASHINGTON, The National Gallery of Art 18-19, 21, 23h, 23b, 81, 100-101.

Directeur de la série Art : Stéphane GUÉGAN
Coordination éditoriale : Béatrice PETIT
Rewriting : Marie-Hélène ALBERTINI-VIENNOT
Direction artistique : Frédéric CÉLESTIN, Paris
Mise en page : Thierry RENARD
Photogravure, Flashage : Pollina s.a., Luçon
Couverture imprimée par Pollina s.a., Luçon
Achevé d'imprimer et broché en mars 1996 par Pollina s.a., Luçon

ISBN : 2-08-012467-6
ISSN : 1258-2794
N° d'édition : 1143
N° d'impression : 69554
Dépôt légal : janvier 1996
Imprimé en France

Pages 4-5 : *L'Astronome* (détail), 1668. Paris, Louvre.
Page 6 : *La Jeune Femme écrivant une lettre et sa servante* (détail), v. 1670. Dublin, The National Gallery of Ireland.